BBC
BBC世界史系列

莎士比亚的世界

THE WORLD OF SHAKESPEARE

［英］英国BBC 编著
胡泊 译

人民东方出版传媒
People's Oriental Publishing & Media
東方出版社
The Oriental Press

主编寄语

威廉·莎士比亚在400年前逝世，也就是1616年的4月23日——为了纪念莎士比亚逝世400周年，我们制作了这本《BBC历史》的特别版，以纪念莎士比亚的一生，以及莎士比亚所处的那个伟大的时代。《莎士比亚的世界》一书涵盖了英国国内众多杰出的专家对莎士比亚所做研究的深入探究和独到见解。

循着书中的内容我们一起来追溯这位剧作家一生的传奇经历，从他早年在家乡埃文河畔的斯特拉福德（Stratford-upon-Avon）作为一个手套商儿子的成长经历，到16世纪住到了伦敦熙熙攘攘的街道之中。一路走来，你将体验到参观莎士比亚的剧场和近距离接触他的家人和朋友是什么感觉。我们还将探讨伊丽莎白时代和雅各布时代英国的社会、文化和历史——那是一个经历巨变的时期，我们可以由此去体会威廉·莎士比亚这位剧作家的世界观以及这种世界观对他作品的影响。

本书中我们深入研究了这位剧作家的一些最著名的戏剧，并发掘了他故事中的人物背后所对应的真实历史。让我们一起来看看莎士比亚留给这个世界的宝贵遗产——他创造的人物形象、故事场景和作品中用到的短语仍然鲜活生动，他的伟大剧作在今天依然在世界各地频繁地上演，就像在过去的四个世纪里一样。

《莎士比亚的世界》除了有之前在《BBC历史》上刊登过的精彩内容，另外还有为这一精华本特别撰写的新内容，希望你们能喜欢。

编辑：罗布·阿塔尔

CONTENTS

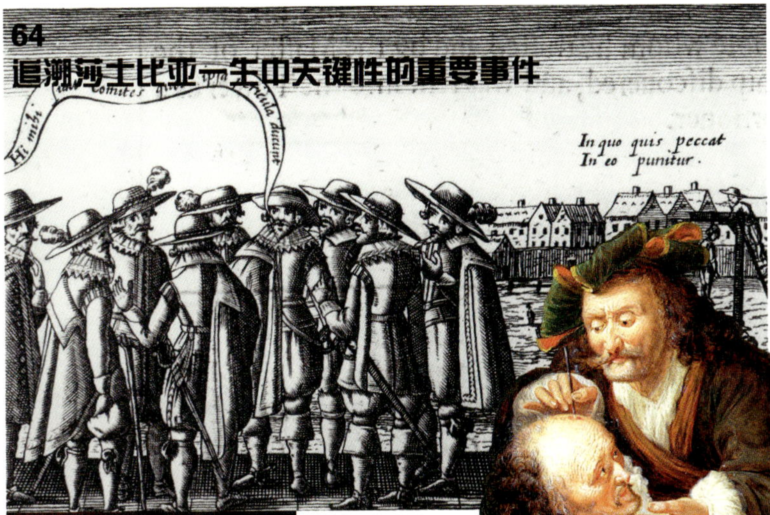

In quo quis peccat
In eo punitur.

莎士比亚的生平和身后

追溯这位戏剧家的惊人经历——从出身卑微的地方手套制作人之子，到在伦敦取得商业成功，直至去世后誉满全世界。

SHAKESPEARE'S

LIFE&LEGACY

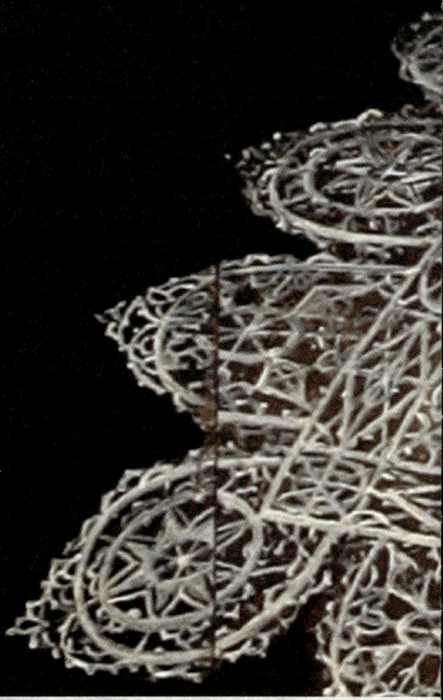

科布肖像画，可追溯到1610年代。这幅图像“据称是根据生活中的莎士比亚所作，这是个令人信服的理由”，因为它就是莎士比亚本人的准确写照——保罗·埃德蒙森。

这是一张天才的脸吗？

莎士比亚厌倦了他的妻子吗？
为什么他会拥有这么多财产？
到底哪些真的是他的肖像，哪些不是？
保罗·埃德蒙森（Paul Edmondson）对他生平中一些最不容忽视的问题进行了回答。

1 我们如何得知他是什么时候出生的？

这位英国最伟大的诗人第一次出现在历史舞台，应该就是在英格兰守护神的节日：圣·乔治节那天，即 1564 年 4 月 23 日，星期日。

威廉·莎士比亚于 1564 年出生于埃文河畔斯特拉福德小镇的这栋房子里，几乎可以确定，他出生于 4 月 23 日。

埃文河畔斯特拉福德小镇上的圣三一教堂的教区注册簿上，记录了4月26日那天莎士比亚进行了洗礼。根据《公祷书》，婴儿必须在出生后的下一个圣节或者下一个星期日接受洗礼。拿小莎士比亚来说，他出生后的下一个圣节是圣·马克节，即纪念威尼斯守护神的节日，就在他出生两天之后。然而，在伊丽莎白时代，人们有一种迷信思想，认为这一天是不吉利的，所以小莎士比亚在出生后第二天的晨祷或者晚祷后接受了洗礼。

我们可以在圣三一教堂北圣坛墙上的纪念碑上看到莎士比亚出生于4月23日的佐证，纪念碑上的文字告诉我们，莎士比亚逝于1616年4月23日，享年53岁，也就是在他53岁刚要开始的时候，他去世了。由此得知，他的出生和逝去是在同一天。

莎士比亚在教堂的注册簿告诉我们，他是以“Gulielmus filius Johannes Shakspere（此为拉丁文——译者注）”的名字接受的洗礼，这行字的意思是“威廉，约翰·莎士比亚之子”。镇上只有他一个人叫这个名字。

位于楼上的这间主卧室如今作为莎士比亚的出生处对外开放，它俯瞰着街道。这间屋子自从18世纪以来，就一直接待着前来朝圣的参观者。

1601年，莎士比亚的父亲约翰·莎士比亚去世之后，威廉·莎士比亚继承了他的全部财产。约翰·莎士比亚没有留下遗嘱，威廉·莎士比亚允许他的妹妹琼·哈特及她的家人住在莎士比亚家的房子里（她的后代也一直住在房子里，直到1806年）。他还把房子的一部分租出去为一家叫“天鹅与女仆”的酒吧所用。

今天我们看到的这栋房子曾经在维多利亚时代翻修过，而后又在1847年被公开认购。莎士比亚故居和其他四处与莎士比亚生平相关的房屋，都由莎士比亚故居基金会看管和维护。

2 莎士比亚年少时是在哪里学习阅读和写作的？

在 8 岁到 15 岁时，威廉·莎士比亚很有可能是在斯特拉福德的文法学校发现了自己的天赋。这所文法学校是在爱德华六世统治时期建立的，它为镇上的所有男孩提供免费教育。

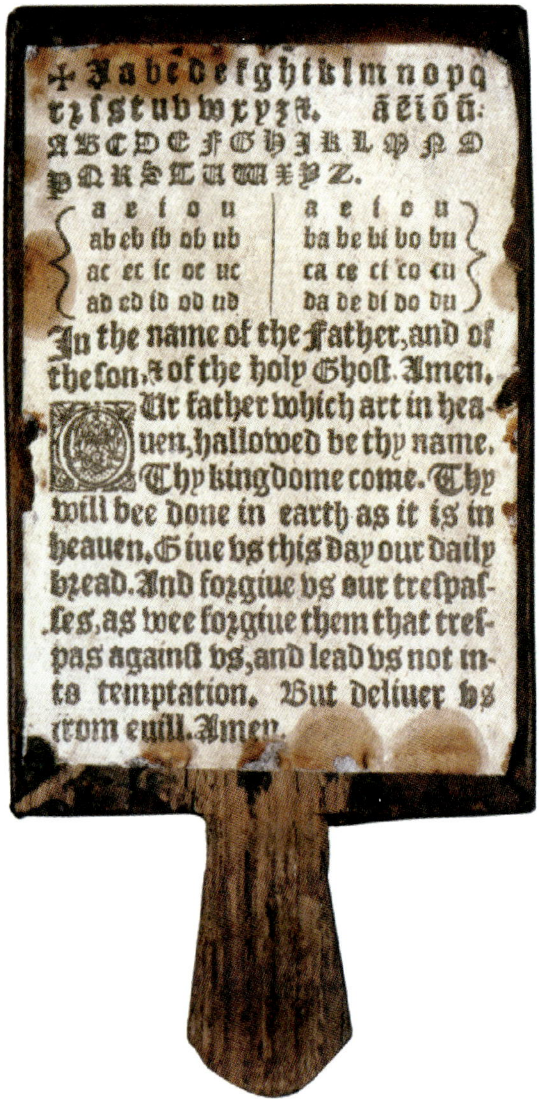

年少的莎士比亚就用这样的练习册来学习字母和主祷文。

都铎文法学校成立于 1553 年，以人文主义理想为基础，是政府宣称的达成“使优质的文学和严明的纪律得以散播到我们王国的每一处，因为这里有最好的政府和行政机构在管理公共事务”这一目标的重要的教育机构所在。

这些学校确实都是很严肃地在对待教育。莎士比亚每周要有六天去学校上课，夏天从早上 6 点钟开始上课，冬天从早上 7 点钟开始，他们要在学校一直待到黄昏（虽然星期四和星期六只需要在学校待半天）。他们在重要的基督教节日会放年假，但是天数很少。

即使是在操场上运动时，学生们也没什么放松的机会，因为男孩子们被要求交谈的时候要用拉丁语。

这些学校严格遵循 16 世纪荷兰学者德西德里乌斯·伊拉斯谟（Desiderius Erasmus 1469—1536）的教导，整个教育的目标重点是发展流畅地演说与写作的能力。他们上课用的一本重要的教科书是威廉·莉莉（Willam Lily）的《文法简介》（1540），莎士比亚正是通过这本书熟悉了大量的修辞手法。

课程的要求很高，学生们要学的内容可能包括特伦斯、维吉尔、萨卢斯、西塞罗、佩林纽斯、伊拉斯谟、昆提利安、曼图阿努斯、苏森布罗特斯、霍勒斯、尤文纳尔和奥维德……的作品，而且，所有这些作品都是用拉丁语写的。奥维德的《变形记》似乎是莎士比亚上学时最喜欢的一本书，他在后来自己创作的作品中多次提到过这本书。唯一出现在教学大纲里的希腊语著作则是《新约》。

显然，莎士比亚在文法学院的学习影响了他一生的创作。最重要的是，在文法学校的学习教会了他如何表达。作为一个教育机构，它是严谨的，不过它的教育也有其局限性，比如说，文法学校并不教授数学知识。

3 他是否陷入了一段无爱的婚姻？

关于莎士比亚的婚姻和性取向的问题，一代又一代的学者和评论家持不同意见，直到现在对于这一问题的争议也仍然存在。

威廉·莎士比亚 18 岁的时候，和一个叫“安妮·海瑟薇（Anne Hathaway）”或者“阿格尼丝·海瑟薇（Agnes Hathaway）”（只能确定姓氏，名字并不能确定）的女人结婚了，当时她大约 27 岁，结婚的时候已经有孕在身了。（在 16 世纪晚期，约四分之一的妇女会在婚前怀孕。）

另一个有启发性的统计数字是当地历史学家珍妮·琼斯（Jeanne Jones）从莎士比亚出生地信托基金会整理出来的记录中推断得出的。从 1570 年到 1630 年，斯特拉福德的男性平均结婚年龄为 24 岁。在这 60 年里，一共有 106 对结婚的新人；在这 106 个记录中，只有三个男人在 20 岁以下结婚。在这三个人中，莎士比亚是唯一一个结婚的时候妻子已经有孕的人。威廉·莎士比亚夫妇共有三个孩子：生于 1583 年的长女苏珊娜（Susanna）和生于 1585 年的一双龙凤胎儿女哈姆尼特（Hamnet）和朱迪思（Judith），其中哈姆尼特于 1596 年夭折了。

但是，威廉·莎士比亚和安妮的婚姻幸福吗？凯瑟琳·邓肯－琼斯（Katherine Duncan-Jones）不这么认为。在她的著作《粗鲁的莎士比亚：他的生活场景》（2001 年出版）中，她呈现出了一个陷入婚姻困境之中的男人。而在《莎士比亚的妻子》（2007 年出版）一书中，作者杰梅茵·格里尔（Germaine Greer）将莎士比亚夫妇的关系描述为“一种要求苛刻、难以接受的生活方式”。无疑，莎士比亚大部分时间待在伦敦工作，但这并不意味着他从不和妻儿见面。莎士比亚经常在埃文河畔斯特拉福德和伦敦之间穿梭，乘坐马车往返一趟要花费三天。他的家还安在斯特拉福德；他只是时不时地在伦敦住一阵子。

一些评论家揪住莎士比亚去世前在遗嘱里要留给安妮“次等的床和家具”这一内

容不放，以此质疑他的婚姻状况。是的，这个遗赠确实令人难堪，但是它也可能是一个浪漫的纪念物，甚至可能是安妮依旧是家里一员的暗示，也许是许可安妮继续住在他们后来购置的新房子里的另一种方式的说明。

大部分关于莎士比亚性取向的推断都是基于他的作品，例如，他创作的戏剧中的同性关系。而从他生活中得到的证据很少。事实上，现存仅有的关于莎士比亚私生活的传闻是源于英国中殿律师学院的见习律师约翰·曼宁厄姆（John Manningham）的日记。日记讲述了莎士比亚是如何安排自己同剧院的演员理查·伯比奇（Richard Burbage）一起与一名妇人见面，但是在伯比奇到达之前，他就提前到了那里并与妇人发生了关系：“莎士比亚让大家看到征服者威廉在理查三世之前捷足先登。”（理查·伯比奇是莎士比亚的朋友，多次担纲莎士比亚剧作里的主角，曾出演哈姆雷特、奥赛罗、李尔王等角色。这桩传闻发生的时候，理查·伯比奇正在出演《理查三世》。——译者注）

我们不知道安妮·莎士比亚相貌如何。这幅 18 世纪的素描可能描绘出了她的样子。

4 众多的莎士比亚肖像中，哪一幅描绘得最准确?

有两个肖像作品被普遍地认为是精确地描绘出了莎士比亚的相貌，这两幅肖像作品都是在莎士比亚去世之后创作的：一个（见第 13 页右下）是艺术家马丁·德罗肖特（Martin Droeshout）制作的铜板雕像，出现在 1623 年出版的《戏剧大师威廉·莎士比亚的喜剧、历史剧和悲剧》的扉页上；一个是位于埃文河畔斯特拉福德的圣三一教堂的莎士比亚半胸像（左下），这处纪念像在 1623 年伦纳德·迪格斯（Leonard Digges）为莎士比亚作品集所作的颂词中提到过，大概是 1616 年莎士比亚去世之后到 1623 年之间安放在圣三一教堂的。

很可能上文提到的马丁·德罗肖特制作的铜板雕像和圣三一教堂的半胸纪念像都得到了莎士比亚的遗孀、家人和朋友的认可。剧作家本·琼森（Ben Jonson）在他为铜板雕像所作的诗句中透露出铜板雕像与莎士比亚本人很相像。而圣三一教堂的半胸纪念像是杰拉德·詹森（Gerard Janssen）制作的，1614 年，他还为莎士比亚的朋友约翰·库姆（John Combe）雕刻了位于埃文河畔斯特拉福德的墓穴。杰拉德·詹森的工作室在伦敦的南华克区，离环球大剧院很近，所以，他和马丁·德罗肖特一样，也很可能知道莎士比亚的相貌。

莎士比亚的两幅肖像画有很好的出处，可能都是取材自莎士比亚的日常生活。一幅是钱多斯（Chandos）版（下中），一幅是科布（Cobbe）版（见第 14 页）。科布版的这一幅肖像画，在 2009 年获得了世界知名的莎士比亚研究者斯坦利·威尔斯（Stanley Wells）的支持，被认为更像莎士比亚本人一些。

有人说，钱多斯版的肖像画是约翰·泰勒（John Taylor）（出演莎士比亚戏剧的一名演员）画的，本来是要留给一直自称是莎士比亚私生子的威廉·戴夫南特（William Davenant）的，但最终从他手里变成了钱多斯公爵的私人财产。

科布版的莎士比亚肖像一直在莎士比亚唯一的资助人、南安普顿的第三任伯爵亨利·赖奥思利（Henry Wriothesley）的后代手中留传。它催生了一系列近现代的复制品，其中大部分都自称画像里的人是莎士比亚。

科布版的莎士比亚像在构图上和马丁·德罗肖特所作的铜板雕像相似，很可能这幅画像就是马丁·德罗肖特的雕像的来源，有可能是通过科布版莎士比亚像的早期复制品创作的。X射线的测量显示，这些复制品中最早的一幅如今为莎士比亚出生地信托基金会所有。

位于华盛顿的福尔杰莎士比亚图书馆有另一版早期的复制品，但许多人并不认为画中的人物是莎士比亚。莎士比亚研究者凯瑟琳·邓肯·琼斯就是其中之一。她不认为那是莎士比亚，基于视觉上的相似性，她认为画里的人是托马斯·奥弗伯里（Thomas Overbury）（托马斯·奥弗伯里爵士，是英国的一位历史学家、探险者、诗人、哲学家以及冒险家。1598年在伦敦中殿法学协会学习。后到欧洲大陆旅行。1606年任英王宠臣罗伯特·卡尔的秘书和顾问。因反对罗伯特·卡尔与埃塞克斯伯爵夫人结婚而触怒国王，于1613年4月被监禁，同年9月被毒死在狱中。——译者注）。不过，科布版肖像的诸多版本和复制品中，还没有一幅被证实是托马斯·奥弗伯里的。

此外，剑桥大学的研究已经确认了，科布版的莎士比亚像和确认托马斯·奥弗伯里的肖像毫无关系，他们二人不大可能呈现出同样的相貌。

在所有可能展现出莎士比亚样貌的肖像画里，钱多斯和科布版的肖像画是与莎士比亚本人的相貌联系最紧密的，它们作品的出处和取材于生活的声明都让人信服。

从左到右：位于埃文河畔斯特拉特福德的圣三一教堂里的莎士比亚半身纪念像；这幅钱多斯版莎士比亚画像很可能是莎士比亚的写生肖像画，或许是由演员约翰·泰勒所画；马丁·德罗肖特（Martin Droeshot）所作的莎士比亚版画，本·琼森（Ben Jonson）认为它和莎士比亚本人很像。

5 一个原本卑微的作家如何变得如此富有？

莎士比亚的遗嘱包含了多个遗赠条款，这显示出他去世的时候是个有钱人，但是他不可能仅仅靠写剧本拥有那么多的财富。一家戏剧公司会付给一个自由撰稿人几英镑来买一部新剧，但这些钱不足以养活妻儿和支撑家庭。

一个作家也可以靠演戏来增加收入——莎士比亚、本·琼森（在他职业生涯早期）和其他一些人好像就这么做了，不过，即便如此，同时期的剧作家里也没有人能像莎士比亚那样进行大量的投资。

莎士比亚之所以富有，是因为从 1594 年起，他就成了宫内大臣剧团（the Lord Chamberlain's Men）的股东，同时他也是宫内大臣剧团的主要剧作家。宫内大臣剧团的资助人是张伯伦勋爵，这个剧团里的演员们一般在宫廷内和酒馆里演出，他们的演出获取的酬劳十分丰厚。

莎士比亚非常有钱，他在 1597 年就花了大概 120 英镑买了一栋房子。1599 年，他投资了环球剧院的三方租赁业务，这意味着他会因此获得一部分票房收入，当然，也是因为他创作的剧本很受欢迎，那么票房收入也就很高，他由此也会分得更多的票房收入。

他在自己的家乡——埃文河畔斯特拉福德也进行了大量的投资。他在 1602 年以 320 英镑的价格买下了面积约有 107 英亩的一大块土地。在此之后不到三年，他又用 440 英镑的高价买下了埃文河畔斯特拉福德以及附近地区土地的什一税（欧洲基督教会向居民征收的宗教捐税，这是一种加在土地总产品上的税收类型。——译者注）的一半份额，这让他每年能赚到 60 英镑。1613 年，他花费 140 英镑买下黑修士地区的一所公寓（这处公寓专门做出租用）。

尼古拉斯·罗（Nicholas Rowe）在 1709 年出版的传记中收录了威廉·戴夫南特的一篇文章，这篇文章写道，南安普顿伯爵亨利·赖奥思利（Henry Wriothesley）曾经给莎士比亚 1000 英镑“以使他能够完成他有意购买的交易”。我们或许永远也不会知道这件事情是不是真的，但是这可以解释莎士比亚是如何能负担得起宫内大臣剧团的股份的，以及他是如何有实力买下他的豪宅和土地的。而这一切都发生在一个当地学校校长的年薪仅为 20 英镑的年代。

1600 年，莎士比亚的资助人、南安普顿的第三任伯爵亨利·赖奥思利的肖像画。

莎士比亚的“新居”已重新翻修，以唤醒莎翁的天赋使之重回人间，“新居”于2016年7月对外开放。

6 莎士比亚都把哪些地方称为家？

第一次结婚时，估计莎士比亚除了住在位于埃文河畔斯特拉福德亨利街的自己父母家之外，别无选择。

莎士比亚在伦敦时，为了省钱，他曾多处借宿，他借宿的地方包括：克里普雷盖特圣吉尔斯教堂的教区里；圣海伦主教门教堂（在这里借宿期间，他曾于1597年和1598年因拖欠税款被罚）；位于南华克的克林克附近的圣救世主教堂；还有，他曾经和芒乔伊（Mountjoy）一家一起住在蒙克斯维尔和银色街道的拐角处，然后又去借宿在克里普雷盖特圣吉尔斯教堂。

1597年，莎士比亚一家搬进了新买的宅子里，即大家通常所说的“新居”，从此这里成了他的家。这处宅子是埃文河畔斯特拉福德辖区内最大的一处房子。在大斋节［Lent 大斋节，指的是从耶稣受难前40天的“蒙灰星期三”（Ash Wednesday）到受难日的前一天“圣星期四”（Holy Thursday）这一段时间。在这段时间内除去当中的主日，共40天。因此，大斋节也被称为四旬节。——译者注］的40天里，戏院全都关门了，在这段时间

艺术家菲利普·沃森（Philip Watson）根据最新的考古发现、文献证据和比较建筑对莎士比亚购买的“新居（new place）”的重建图。

里，他有足够的时间去待在家里陪伴自己的家人，另外也可以在相对安稳和平静的环境里完成一些写作。

2010 年到 2015 年间，莎士比亚出生地基金会接受委托，对该处宅子的遗址（这处宅子在 1759 年被拆毁了）进行了考古发掘，确认此处为一座有着 20—30 个房间的豪宅，是专门为当年具备相当的经济实力和社会地位的人所设计的住宅。

莎士比亚只是出于工作需要，租住在伦敦，他最宝贵的生活空间还是在埃文河畔斯特拉福德。

7 他在创作剧本时是反复推敲，还是一气呵成？

确定莎士比亚创作的方式并非易事，因为经典文学作品会随着时间的推移而发展，作家的写作方式也是如此。比确定他是以何种方式创作的这件事情更加复杂的，是莎士比亚的许多作品是在他去世之后出版的。莎士比亚创作的十四行诗和其他一些即兴创作的诗作，以及大约一半的戏剧作品是在他生前公之于众的，其余作品（除了

《泰尔亲王佩力克里斯》和《两个高贵的亲戚》两部作品）都是在他 1623 年（此时莎士比亚已去世 7 年——译者注）出版的作品集里首次问世。

1986 年，《牛津莎士比亚全集》提出了在过去的 30 年里最激进的两个理论，试图对分析探讨这一问题有所启发。一是莎士比亚经常修改他的作品，这是出于对现实的戏剧表演的考虑；二是他与人合作创作过几部戏剧，尤其是在他创作生涯刚刚开始的时候，以及他创作生涯快要结束的那一时期。

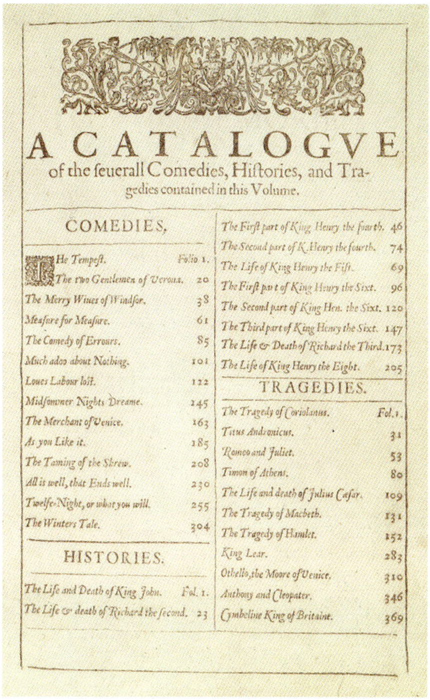
A CATALOGVE
of the ſeuerall Comedies, Hiſtories, and Tragedies contained in this Volume.

COMEDIES.	
The Tempeſt.	Folio 1.
The two Gentlemen of Verona.	20
The Merry Wiues of Windſor.	38
Meaſure for Meaſure.	61
The Comedy of Errours.	85
Much adoo about Nothing.	101
Loues Labour loſt.	122
Midſommer Nights Dreame.	145
The Merchant of Venice.	163
As you Like it.	185
The Taming of the Shrew.	208
All is well, that Ends well.	230
Twelfe-Night, or what you will.	255
The Winters Tale.	304

HISTORIES.	
The Life and Death of King John.	Fol. 1.
The Life & death of Richard the ſecond.	23
The First part of King Henry the fourth.	46
The Second part of K. Henry the fourth.	74
The Life of King Henry the Fift.	69
The First part of King Henry the Sixt.	96
The Second part of King Hen. the Sixt.	120
The Third part of King Henry the Sixt.	147
The Life & Death of Richard the Third.	173
The Life of King Henry the Eight.	205

TRAGEDIES.	
The Tragedy of Coriolanus.	Fol. 1.
Titus Andronicus.	31
Romeo and Juliet.	53
Timon of Athens.	80
The Life and death of Julius Cæſar.	109
The Tragedy of Macbeth.	131
The Tragedy of Hamlet.	152
King Lear.	283
Othello, the Moore of Venice.	310
Anthony and Cleopater.	346
Cymbeline King of Britaine.	369

1623 年出版的《莎士比亚戏剧全集》的目录页。

互相协作是当时剧作家创作一部作品的标准做法。2013 年，乔纳森·贝特（Jonathan Bate）和埃里克·拉斯马森（Eric Rasmussen）出版了《威廉·莎士比亚和其他人：合作戏剧》一书，在这本书中收集了可能有莎士比亚参与但是鲜为人知的作品，例如 1605 年出版的都市喜剧《伦敦浪子》，这显然是莎士比亚的作品。当然也有几部失传的作品，包括《爱得其所》和《卡登尼欧》。

单是戏剧家可以合作这一点，就能终结那些声称戏剧是孤独的贵族式的手工活儿，或者说戏剧作品都是由某个另类的孤单作家秘密完成的这种理论了。莎士比亚的戏剧创作方式表明他对戏剧实践有着丰富的知识，而且非常了解出演他剧本的演员。

他不会一气呵成，而是把作品的原始资料和故事来源进行反复修改，在他手里的那支羽毛笔落在纸上之前，他会先进行广泛的阅读。

本文作者保罗·埃德蒙森（Paul Edmondson）是莎士比亚出生地基金会的首席研究员和信息员。

发现更多

参考图书

▶《莎士比亚生平实录》
（塞缪尔·肖恩伯姆著，牛津大学出版社，1987年出版）

▶《莎士比亚的理想画像》
（保罗·埃德蒙森著，费伯书局，2015年出版）

▶《莎士比亚的新居所：一本考古传记》
（保罗·埃德蒙森著，曼彻斯特大学出版社，2016年7月出版）

历史探究

莎士比亚的出生地在埃文河畔斯特拉福德的亨利街，这栋建筑每年都吸引着大量的莎士比亚迷，他们渴望更多地了解到这位举世闻名的剧作家的早期生活。

“人们蜂拥而至莎士比亚的出生地，
借此探寻莎士比亚的足迹。”

——保罗·埃德蒙森博士

莎士比亚年少时

保罗·埃德蒙森和夏洛特·霍奇曼（Charlotte Hodgman）访问了莎士比亚位于沃里克郡（Warwickshire）的出生地，考察了这位英国历史上最为神秘的作家之一早年间的生活，并试图探究他为什么至今仍被人们铭记。

毋庸置疑，埃文河畔斯特拉福德就是莎士比亚的故乡。在这里，从海瑟薇茶室到巴德步道，每一栋建筑，每一条街道，似乎都想表明它们与埃文河畔斯特拉福德走出来的这位最声名远播的孩子有着千丝万缕的关系。

不过，斯特拉福德最著名的地标是16世纪的一栋木桁架房屋，1564年，莎士比亚就是在这个地方出生的，然后一直在这里住到了二十几岁。莎士比亚故居坐落在位于斯特拉福德核心位置的亨利街上，自18世纪初以来，这里就是无数莎士比亚迷朝圣的地方。

1810年在圣三一教堂附近发现的这枚戒指是莎士比亚戴过的吗？

“就像拼图里的关键部分一样，莎士比亚的出生地是把他和故乡联系起来的重要元素。”莎士比亚出生地基金会的首席研究员和信息员保罗·埃德蒙森博士说道，“对于一位作品被翻译成数百种语言的诗人和剧作家来说，我们想更多地了解他本人——他是个什么样的人，他是如何创作的，他是如何思考的，正是对这些最基本的问题的追寻，吸引人们来到了这个地方。”

这座房子是于1847年由国家信托基金买下来的——在此之前，该基金会发起了一场欲筹集3000英镑的募捐——这座房子对任何一位文学爱好者来说都像是王冠上的宝石那般珍贵、夺目。你可以借参观展览之机进入这栋建筑物，里面所展览的物品据称都是与这位剧作家以及与伊丽莎白时代的戏剧相关的——从莎士比亚的第一部戏剧集的复制品，到旧时纸上标记出的斯特拉福德中世纪时期的市场分布，此外还有一枚印有首字母“WS”的金色戒指，也许莎士比亚曾经戴过吧。

如我们前面在第7页所述的那样，尽管没有出生记录，但莎士比亚依然被认为是在1564年4月23日或者这天前后出生的。他的洗礼被记录为4月26日，是在距离他的出生地半英里的圣三一教堂举行的。

这里就是莎士比亚出生的那间卧室。他大概在五岁之前都住在这里，睡在一张可以拉出来的小矮床上。

高声表演莎翁戏剧！

如今，人们参观这所房子的重点都是参观楼上的卧室，据说莎士比亚就是在那间卧室里出生的。你在故居里参观时，会有伊丽莎白时代的音乐伴奏（如果你参观时间对的话），或者是当地的演员声嘶力竭地高声念着莎士比亚戏剧里的台词！还有演员们从花园的窗户前经过。

在这里，从最早期的公开开放日起，游客们就会用钻戒把自己名字的首字母刻在莎士比亚诞生的那间屋子的窗户玻璃上，或者把自己的名字胡乱涂画在卧室的墙上——借此在一位文学天才第一次呼吸的房间里留下他们的印记。这扇被涂满了姓名的窗户现在在一个与这所房子相邻的屋子里陈列着，上面有 19 世纪女演员埃伦·泰

莎士比亚出生的那个房间窗户玻璃上刻着许许多多到访过的游客的名字。

瑞（Ellen Terry）的签名。这扇窗户上最早的蚀刻痕迹可以追溯到1806年。

在莎士比亚迷的眼中，这间房间是如此神圣，他们跪拜、祈祷甚至感动落泪。埃德蒙森说，人们留在这个屋子里的东西和他们从这里带走的一样珍贵。游客们纷纷脱下鞋子，穿过楼下客厅的原石地板，试图通过这些莎士比亚曾经在上面表演和行走过的灰色石板，找到与这位剧作家更紧密的联系。

作为八个孩子里的老三——这八个孩子里有两个在他出生之前就夭折了。莎士比亚八岁左右开始就读当地只招收男孩的文法学校。作为莎士比亚诞辰400周年庆典的一部分，莎士比亚曾经就读过的教室和会堂在经过修复之后，重新对游客开放。

“莎士比亚在文法学校度过的时光奠定了他写作生涯的基础。”埃德蒙森说，

著名的难以用语言表述的莎士比亚展览，位于莎士比亚出生居所的入口处，这里展出了莎士比亚的作品——《第一对开本》。［《第一对开本》（*First Folio*）全名为《威廉·莎士比亚先生的喜剧、历史剧和悲剧》（*Mr · William Shakespeare's Comedies，Histories，&Tragedies*），含剧本三十六部，于莎士比亚去世七年之后的1623年，由莎士比亚的朋友整理出版。如果没有《第一对开本》，我们耳熟能详的《麦克白》、《暴风雨》和《皆大欢喜》等戏剧都将失传。——译者注］

“在那里，他被教导如何组织语言，如何使用和掌握语言。奥维德的《变形记》这部作品他应该在学校学习过，这部作品对莎士比亚的创作产生了巨大的影响，还有霍林斯赫德（Holinshed）的《编年史》也是如此——莎士比亚的历史剧如《理查三世》、《亨利五世》以及悲剧《麦克白》中都有明显的体现，这些作品对他创作的影响显而易见。

“同时，莎士比亚也受益于他们家乡非常伟大的讲故事的传统，晚上的时候大家在炉边聚集起来，聆听世世代代口口相传的民间故事，以及恢宏的中世纪故事，比如亚瑟王和罗宾汉的传说。”

大部分时间，故事都是在餐厅里讲述的，这个空间里现在摆放着16世纪的家具，其中最为醒目的就是巨大的壁炉。莎士比亚一般上午十一点左右从学校回来吃午餐，他会在这里和他的家人们一起就餐。

年少时莎士比亚的生活是围绕他的家人进行的。他的父亲约翰是一个手套商人，约翰在房子最顶头的一个房间里经营他的生意，他把商品从窗口卖给窗外街上的顾客。今天，游客们可以参观约翰·莎士比亚的作坊——在那里，当年做生意用的工具被重新复制出来并现场演示给来参观的人们。

早早结婚

“莎士比亚一生中的最大症结之一是他结婚时候太年轻，只有18岁，”埃德蒙森说，“他别无选择，他的爱人安妮·海瑟薇——至少比他大八岁——当时已经怀孕了。”他们的婚姻对莎士比亚的一生产生了深远的影响。“男子在婚后不允许开始或者继续做一名学徒，所以，莎士比亚对合法地从他父亲手上接手制作手套的生意就不能抱任何希望了。”埃德蒙森说，“他很可能为家里的生意帮过忙，但是和他们剧团的演员同僚们不同——比如他们剧团的演员同时也是杂货商老板的约翰·海明斯——莎士比亚没有其他职业可以作为退路。”

不过，莎士比亚很可能依旧从他父亲的生意中获得了益处。“关于莎士比亚生平的争议之一便是，在1594年，他是如何支付得起宫内大臣剧团的股份而成为股东的，”埃德蒙森说，“莎士比亚既为公司演戏，也为公司创作剧本，但是即便如此，他能成为股东，而且在两年之后买下斯特拉福德最大的房子之一（即莎士比亚的新居），肯定花了他一大笔积蓄。”莎士比亚的新居——现在已经不在了——在那个学校的教师平均年薪只有20英镑的时代，这所房子却花费高达120英镑。

有一种理论认为，在1568年成为斯特拉福德镇长的约翰·莎士比亚，除了制作手套以外，还投资了羊毛生意，而羊毛业是一个十分重要的产业。我们知道，莎士比亚的父亲于1572年被指控非法经营羊毛制品，但是我们不知道他在那之后是不是还在继续经营，如果是，那就能解释这个家庭拥有的大量财富了。经济历史学家戴维·法洛（David Fallow）甚至断言，“威廉·莎士比亚于1587年到1592年间离开埃文河畔斯特拉福德前往伦敦，并不是如人们所说的那样为了赚钱或者是想成为一名演员，而

是为了做他父亲羊毛生意在伦敦的代表。”

莎士比亚在1582年和安妮结婚之后，二人一起住在莎士比亚家在亨利街的房子里，可能就住在房子西端又搭建的那两间屋子里。他们的第一个孩子苏珊娜出生于1583年，接下来是一对双胞胎朱迪思和哈姆尼特，受洗于1585年2月。1587年到1592年间莎士比亚的经历鲜为人知，除了他创作了包括《维洛那二绅士》、《驯悍记》和《亨利六世》之外。这段“行踪成谜的岁月”于1592年才结束，1592年他第一次在伦敦大放异彩，尽管此时他的家还在斯特拉福德。

“关于莎士比亚开始写作的时间、内容和开始写作的原因，人们有许多猜测。”埃德蒙森说，“但是我们需要记住的是，他可不是一个穷困潦倒的作家，他不是那种把作品呈给演出公司，渴望被他们采用却总是徒劳无功的作家；他的剧本内容是和剧团的人进行讨论、制订好计划，再根据他们认为观众希望看到的内容而被委托撰写的。

“虽然莎士比亚的一些戏剧很难确认创作时间，但是我们可以相当确定，《亨利五世》和《恺撒大帝》是1599年完成的，这就意味着宫内大臣剧团——它在1603年詹姆斯六世及一世（詹姆斯六世是作为苏格兰国王的称呼。英格兰国王伊丽莎白一世终生未婚，没有子嗣，于是指定自己的远亲詹姆斯六世继任英格兰国王之位，即詹姆斯一世。——译者注）登基后成为皇家专属剧团而为人所熟知——在同一年内上演了一出统治者被谋杀（即剧作《恺撒大帝》）的大戏，和一出统治者被授予荣誉（即剧作《亨利五世》）的戏码。伊丽莎白时代的观众关注并且欣赏这种差异化的对比。在我看来，这是莎士比亚把作家、剧院股东和戏剧企业家的角色融为一体了。

“莎士比亚是一个有眼光的商人。可以公平地说，他的财富并不是靠写作赚来

的，而是靠他在宫内大臣剧团，以及后来在环球剧院所持有的股份得到的，这些股份让钱源源不断地流入了他的金库。”

成功者的故事

莎士比亚本身也是一位受人尊敬的演员，他为一些剧团比如宫内大臣剧团（这个剧团后来成为皇家专有）表演，也为他们创作剧本。正是这些剧团让他获得了巨大的成功。在莎士比亚的一生中，他在宫廷里演出了差不多 170 场。

不过，他在埃文河畔斯特拉福德的生活经历也影响了他的作品。比如说，他的儿子哈姆尼特在 1596 年就夭折了，去世的时候年仅 11 岁。埃德蒙森谈道，莎士比亚后来创作了剧作《哈姆雷特》（哈姆雷特一名就是哈姆尼特的另一种拼写方法）并不是巧合。对伊丽莎白时代的人来说，失去一个男孩是一件非常严重的事情，对莎士比亚来说，这意味着家族的血脉无法延续下去了。哈姆尼特去世的时候安妮已经是四十多岁，不太可能怀孕了。

1601 年，莎士比亚的父亲去世之后，莎士比亚继承了他童年时住的房子。作为一个商人，他把所继承房产的一部分出租了出去，随后那里被一家名叫“天鹅与女仆”的酒吧所用。但是 1616 年 4 月，52 岁的莎士比亚去世后，这处房子留给了他的大女儿苏珊娜，苏珊娜和她的后人一直住在这栋房子里，直到 18 世纪末。莎士比亚自己的家安置在新居，新居所在的地方和他之前的学校仅有一墙之隔。

埃德蒙森说：“250 多年以来，人们涌入莎士比亚的出生地，试图对他的一生形成自己特有的结论。这个传统至今没有任何要减退的迹象。”

听保罗，埃德蒙森说
HISTORYEXTRA和COM / PODCASTS

拜访莎士比亚诞生地
亨利街，斯特拉福德，邮编：CW37 6QW
网址：shakespeare.org.uk

莎士比亚：另外五个值得关注的地点

1.伦敦环球剧院

莎士比亚被铭记的地方

环球剧院位于泰晤士河南岸，南华克郊区，是一座重新修建的现代化的建筑，它于 1997 年开业，距离 1599 年原本的环球剧院旧址仅数步之遥。莎士比亚的许多戏剧都曾在这座拥有开放式屋顶、大致呈环形的建筑物里演出，但是在 1613 年的时候，原环球剧院在一次《亨利八世》的演出中被烧毁了。

shakespearesglobe.com

2.斯特拉福德圣三一教堂

伟大的戏剧家的长栖之地

莎士比亚被认为逝于 1616 年 4 月 23 日——4 月 23 日同样也是人们认为他诞生的日子——他被埋葬在当地教堂的圣坛里。他去世后几年，教堂旁边的围墙上竖立起了一座纪念碑，旁边还有一座据说和他本人很像的半身纪念像。他的妻子和他的长女则葬在他的身旁。

stratford-upon-avon.org/Shakespeare

3.萨里的汉普顿皇宫

莎士比亚为国王演出的地方

汉普顿宫的大厅经常被伊丽莎白一世作剧院之用，1604 年元旦，莎士比亚的剧团在这里为詹姆斯六世及一世表演了戏剧《仲夏夜之梦》。汉普顿宫大厅的一个相邻的房间作为演员们的更衣室，另外有一个超大的观察室被用于排练。如今，大厅依然对公众开放。

hrp.org.uk/HamptonCourtPalace

4.威斯敏斯特教堂

莎士比亚的荣耀之所

由威廉·肯特（William Kent）设计的真人大小的大理石雕像——身着伊丽莎白时代的带斗篷的衣服——可以在威斯敏斯特教堂的诗人角找到。纪念碑上刻着的日期是1740年，上面有一段拉丁语的铭文：“威廉·莎士比亚逝世124周年之后，在众望所归之下竖立此碑。”

westminster-abbey.org

5.斯特拉福德，莎士比亚求学时的教室和会堂

剧作家在那里学会了写台词

在莎士比亚由一名小剧作家到誉满全球的成长期间，15世纪的剧团在这个会堂里进行着表演。历史学家迈克尔·伍德（Michael Wood）称之为“全英国最大气、最神奇、最重要的建筑之一”。这栋建筑于2016年4月向游客开放。

shakespearesschoolroom.org

文字：夏洛特·霍奇曼

历史顾问：保罗·埃德蒙森博士，莎士比亚出生地基金会的首席研究员和信息员。

莎士比亚的家族传说

莎士比亚被想象曾在1600年为他的家人朗诵。事实上，他唯一的儿子哈姆尼特在1600年之前已经过世了。

“莎士比亚生平的经历与社会不断向前发展的过程同步进行着。”斯坦利·威尔斯（Stanley Wells）如此说道。故事反映了莎士比亚住所的变迁，从村子里的农庄升级为豪华的宅院。这个过程中莎士比亚遇到了不少家庭烦恼：怀孕的新娘、被起诉、被逐出教会。

莎士比亚一家人的故事——一个进步的社会趋势——反映在他们的家庭生活中。他们家族始于一个叫威尔姆科特（Wilmcote）的小村庄，在埃文河畔斯特拉福德北边三英里处，我们这位戏剧家的母亲玛丽·阿登（Mary Arden）在一处小农舍里长大，小农舍由玛丽·阿登的父亲罗伯特于1514年建成。玛丽是由罗伯特娶的第一位妻子所生，是八个女儿中最小的一个。他的第二任妻子阿格尼丝·希尔（Agnes Hill)，嫁给罗伯特的时候带来了两个儿子和两个女儿。罗伯特在1556年立下遗嘱，他把小玛丽列为他的两个遗嘱执行人之一，为她留下了大量的土地和金钱，这也说明她一定是个能力超群的女人。

玛丽大约在1557年嫁给了前途大好的手套商人（之后又成了羊毛商和放债人）约翰·莎士比亚。不久之后，夫妻二人搬进了约翰·莎士比亚位于埃文河畔斯特拉福德亨利街的大房子里。时至今日，这所房子作为莎士比亚的诞生地为人们所熟知。玛丽育有八个孩子，但是只活下来六个。约翰·莎士比亚一直忠心耿耿地为镇上服务，所以他渐渐地由一名地位卑微的品酒员晋升为议员，并在1568年升任执政官（或者镇长）。1576年，他申请一枚代表身份的徽章，但是没有成功，不过在20年后他最终获得了这一徽章，当时据说他的身价已经达到500英镑——这是个不容小觑的数字。他于1601年去世。

1594年，约翰·莎士比亚的长子威廉·莎士比亚成为宫内大臣剧团的股东，宫内大臣剧团常驻伦敦。三年之后，威廉·莎士比亚用实际行动证明了他对家乡的感情，他买下了他的新居，那是整个镇子上最大的一栋房子。这所房子虽然在18世纪的时候被毁坏了，但是近年在莎士比亚出生地基金会的资助下又对它进行了考古发掘，增加了我们对这栋房子的面积和布局的了解。它有五个山墙、一个庭院，共有三层楼，有大概20—30个房间——如果有必要的话，它足够容纳一整个大家族。事实上，镇上的办事员托马斯·格林（Thomas Greene），还有一个中殿律师学院的人，他们都自称威廉·莎士比亚的表弟——这是个可以被灵活使用的称呼——在1603年到1617年间都借宿在他的家里。

而且，除了他们之外，这所房子依然有足够的空间让威廉·莎士比亚的未婚兄弟理查德、吉尔伯特和埃蒙德入住，没有几个人听说过他们。我们只知道，埃蒙德比莎士比亚小16岁，后来像他的哥哥一样，在伦敦做了一名演员，留下一个私生子。埃蒙德在27岁的时候就去世了，在1607年的最后一天，伴随着钟声被葬在今天的南华克大教堂（敲响大钟需要有人，比如威廉·莎士比亚来支付一英镑）。吉尔伯特在威廉·莎士比亚不在场的情况下看到了新居的购买契约，当时吉尔伯特在伦敦的一家男装商店做店员。而关于理查德，我们只知道他于 1574 年 3 月 11 日在埃文河畔斯特拉福德受洗，后来于 1613 年去世葬在那里。

姐妹和儿女

威廉·莎士比亚的妹妹琼·莎士比亚出生于 1569 年，她在 1600 年之前的某一年嫁给了一个叫威廉·哈特（William Hart）的帽匠。夫妇二人共养育了四个孩子：威廉、玛丽、托马斯和迈克尔。琼的丈夫在 1616 年去世，去世一周之后，她那闻名全球的哥哥便把亨利街那套房子的一部分给琼借住，另外还给了她 20 英镑及“他所有的衣服”。她在那里一直住到 1646 年离开人世，然后连同相邻的房子一起传给了她的儿子托马斯，之后依照莎士比亚的孙女伊丽莎白·巴纳德夫人的遗嘱，又传给了托马斯的儿子，另一个托马斯。这处房产在能找到的时间最早的地图（1759 年）上被标记为莎士比亚的出生地，一直为莎士比亚家族所有，直到 1806 年。故事还在继续：椅子制造商约翰·莎士比亚 1800 年葬在蒂克斯伯里修道院（Tewkesbury Abbey），他的纪念碑上错误地将他描述成“诗人莎士比亚的第六代后裔”。他的后代家庭成员移居到了澳大利亚。

安妮·海瑟薇 1582 年和莎士比亚成婚，她来自临近的肖特里村庄的一户农家。安妮和威廉·莎士比亚的儿子哈姆尼特——这个名字是哈姆雷特的变体——于 1596 年去世，年仅 11 岁。据推测，和他的父亲一样，哈姆尼特也曾经是自由文法学校的学生，尽管这一时期的记录没有被保存下来。

莎士比亚和安妮有两个女儿，苏珊娜和朱迪思。苏珊娜在她的父母结婚后六个月便出生了，她似乎是一位很有才华、很有头脑的女性。有记录显示，她曾经因为拒绝参加 1606 年的复活节仪式而被教会法庭传唤，当时，火药阴谋案（Gunpowder Plot，发生于 1605 年，是一群住在英格兰乡下的亡命的天主教人群试图炸掉英国国会大厦，并杀害正在其中进行国会开幕典礼的英国国王詹姆斯六世及一世，并杀害他的家人和大部分的新教贵族的一次计划，这次计划并没有取得成功。——译者注）的后遗症让当局非常急于抓捕那些同情罗马天主教的人。这个案件后来被撤销了。第二年，她和一位名叫约翰·霍尔（John Hall）的医生结了婚，约翰·霍尔是一位虔诚的新教教徒，威廉·莎士比亚作为父亲给了她一笔可观的馈赠——把埃文河畔斯特拉福德 107 英亩的土地赠予她作为婚前财产，显然，这是为了保障她的生活利益。

1613 年，她的婚姻饱受丑闻的折磨，一个名叫约翰·莱恩（John Lane）的人声称苏珊娜从一个名叫拉尔夫·史密斯（Ralph Smith）的已婚衣帽商那里染上了性病。苏珊娜在伍斯特宗教法庭成功地控告约翰·莱恩诽谤她的人格。约翰·莱恩没有为自己辩护，他被逐出了教会。这件事情被戏剧化地改编之后，被写进了彼得·韦兰（Peter Whelan）的剧作《草药床》（1996 年出版），这部剧作后来大获成功。

人们相信约翰·霍尔曾经居住在位于镇子郊区的一座富丽堂皇的房子里，也就是如今人们知道的约翰·霍尔故居。这栋房子的历史可以追溯到1613年，可能是专门为苏珊娜和约翰·霍尔共同生活而建造的。在莎士比亚于1616年去世之后，他们搬到了莎士比亚买的新居里。莎士比亚死后，把大部分财产都留给了苏珊娜，并指定约翰·霍尔做他的遗产执行人。苏珊娜活到了1649年，她的墓志铭里写着“机智”——也就是聪明——“机智超越了她的性别，但这还不足以形容她，她的智慧让她得到救赎，让她成为为人称道的霍尔夫人。”在那个时代，女孩们所受的教育远远落后于男孩，但是镇上也有一些小学校既招收男生又招收女生，男孩和女孩都可以在那里学习阅读、写作和算术。苏珊娜的签名至今保存在莎士比亚出生地基金会的记录里。

莎士比亚的小女儿朱迪思，看起来有些难以管教。她31岁的时候，在她的父亲去世两个月之前，在圣三一教堂和托马斯·奎尼（Thomas Quiney）结婚，托马斯·奎尼是镇上的名人之子。但是他后来被逐出了教会，因为他们没有获得在大斋期结婚所需要的特别许可证。朱迪思和托马斯匆匆成婚是有理由的：不久之后奎尼就被指控与一个名叫玛格丽特·惠勒（Margaret Wheeler）的人有“情难自抑的关系”——托马斯·奎尼最后和他的私生子葬在一处——他对此表示认罪，莎士比亚于是对遗嘱做了修改，应该是为了保证朱迪思的利益。朱迪思和托马斯生了三个儿子，但是都在年幼的时候就夭折了。他们有一个孩子是在外祖父去世不久后诞生的，也是夫妇二人最大的孩子，他们为他取名为莎士比亚。朱迪思活到了1662年。

莎士比亚的最后一个直系后裔是伊丽莎白，于1608年出生，是大女儿苏珊娜和约翰·霍尔的孩子。莎士比亚把自己的大部分银盘都留给了她（这些东西很容易就能折现，如果她愿意的话）。伊丽莎白嫁给了托马斯·纳什（Thomas Nash），他们住在莎士比亚买下的新居里。托马斯·纳什死后，伊丽莎白于1649年改嫁给了约翰·巴纳德（John Barnard），这是一个有钱的鳏夫，他有好几个孩子。伊丽莎白的母亲去世后不久，这对夫妇就搬进了自己的新宅里。约翰·巴纳德是坚定的保皇党人，他于1661年被封为男爵。封为男爵之后不久，他们搬回了他的老家，位于北安普顿郡的阿宾顿庄园，这是一处比莎士比亚的新居还要壮观的房子，在这里，伊丽莎白于1670年去世，膝下无子。

就这样，这个家族的故事始于最初的简陋农舍，结束于莎士比亚的外孙女晚年居住的大庄园的豪宅里。不知道玛丽·阿登（莎士比亚的母亲——译者注）会怎么想这一切？

本文作者斯坦利·威尔斯是研究莎士比亚的领军人物。他是莎士比亚出生地基金会的名誉主席和伯明翰大学已退休的名誉教授。

发现更多

图书

▶《牛津莎士比亚指南》
（迈克尔·多布森　斯坦利·威尔斯等编，牛津大学出版社，2015年出版）

▶《莎士比亚生活圈》
（保罗·埃德蒙森　斯坦利·威尔斯编，剑桥大学出版社，2015年出版）

▶《莎士比亚团队》
（斯坦利·威尔斯著，企鹅出版集团，2007年出版）

网站

▶在线聆听关于莎士比亚家庭生活的戏剧化声音。
www.theshakespearecircle.com

世界级的剧作家

在莎士比亚去世后的四个多世纪里，他的戏剧在世界各地上演。迈克尔·多布森(Michael Dobson)曾经提出疑问，为什么他的作品能有如此普遍和持续的影响力，并探讨了其对世界文化的影响。

1884—1885年，古斯塔夫·克里姆特(Gustav Klimt)、恩斯特·克里姆特(Ernst Klimt)和弗兰兹·马奇(Franz Matsch)为赫尔墨斯别墅皇后的卧室天花板设计的油画作品，用了《仲夏夜之梦》里的场景来做装饰。

威廉·莎士比亚已逝世400多年了，然而，他创造的人物形象、故事情景和笔下人物惯用的习语至今依然鲜活，莎士比亚的剧作在越来越多的国家和地区被阅读、表演、翻译、研究、改编——而莎士比亚生前对这些地方完全陌生，生前从未到访。

显然，身为一个作家其作品在世界范围影响之广泛，远远超出了莎士比亚个人的生活经历和他所处的时代。要去理解这种深远的影响，我们需要感受他充满想象的内心世界，以及他逝去之后，其作品在历史上、在他祖国之外的遥远国度所获得的极高的文化地位。

虚构的世界

在学术界，莎士比亚研究的某些方面有着悠久而丰富的历史传统，这些研究正是致力于揭示莎士比亚的经典之作和这些作品形成的时期之间的关系。但是在接触莎士比亚这些剧作和诗歌的时候，如果真正了解了伊丽莎白时代和雅各布时代那些平凡无奇的社会现实，就会发现想象和现实大相径庭，事实上，莎士比亚作为一位作家，他致力于把现实生活戏剧化，将平凡的生活进行升华、从现实生活剥离甚至完全忽略。

举例来说，对莎士比亚所创作的森林和田野的大致景象（比如说，莎士比亚的剧作《维纳斯和阿多尼斯》或者《仲夏夜之梦》等作品就是这样设定的）在很大程度上要归功于伊丽莎白时代沃里克的乡间风景。然而，这并不是人们一直以来喜爱那些诗歌或者那些戏剧的主要原因。同样地，从莎士比亚的剧作中也可找到火药阴谋案带来的影响，在《麦克白》的一些细节里，可以看出对国王詹姆斯六世及一世其实是信仰巫术的这件事情的暗示。但是认为《麦克白》赢得了世界范围内持久的吸引力靠的是1606年的事件和宫廷辩论（1606年，伦敦再次暴发瘟疫，造成大量死亡并导致剧院的关停。这场流行病也波及了莎士比亚伦敦居所所在的街区，甚至有可能改变了他的职业生涯，乃至整个戏剧史。主观上，我们或许不能直接将瘟疫事件和同时期的作品在内容和情感主旨上建立联系，不过客观上，这次瘟疫使得许多剧团大受影响，剧团不得已从户外到室内进行表演，莎士比亚戏剧也开始着重更加私密的室内场景，此前则是开放性的户外场景居多，由此对他的创作产生了直接影响。另外，人们普遍认为《麦克白》中借剧中人物之口讽刺了1606年3月28日因参与“火药阴谋案”而受审的耶稣会教士亨利·加尼特。——译者注），那就太荒谬了。

同样地，了解作家自身的经历和同时代发生的重大历史事件，对理解和欣赏莎士比亚的作品可以说并无太大帮助，而这一点和查尔斯·狄更斯的小说截然不同。因此，去了解维多利亚时期的伦敦被认为没有太大的必要性。尽管莎士比亚戏剧里的地点和时间段大部分都是真实的，但是在莎士比亚所描绘的古典共和国、中世纪王国和有冒险色彩的外国文艺复兴时期的城邦里面探险的探险家们，并不需要伊丽莎白时代

约翰·吉尔伯特（John Gilbert）爵士 1890 年为《仲夏夜之梦》所做的插图。转变是戏剧的共同主题。

的伦敦地图，也不需要知道手套商在 16 世纪埃文河畔斯特拉福德的社会地位。毕竟，莎士比亚的剧作背景没有一部是设置在他生活时代的英国的。

实际上，他剧作中的那个世界总是描绘得生动和细致，但同时也总是有意地描绘得含混不清。它在一定程度上是一个梦幻里的世界：它可以包含从莎士比亚时代现实中提炼出来的细节、焦虑和渴望，但是这些总是令人不安地与其他元素同时出现，那些元素来自他对历史资料广泛而深入的阅读，来自其他剧作家的作品，来自欧洲的中篇小说和古典诗歌，来自莎士比亚自己的幻想。他反复选取童话般的故事情节，把人物在家庭里的角色进行戏剧化的转变。有两部剧作可以作为最典型的例子，它们的文学手法都不是单一的，很明显，就是《仲夏夜之梦》和《暴风雨》，在《暴风雨》这部戏里，普洛斯彼罗［普洛斯彼罗（Prospero）是莎士比亚戏剧《暴风雨》中的人物。米兰公爵普洛斯彼罗被弟弟安东尼奥篡夺了爵位，只身携带襁褓中的独生女米兰达逃到一个荒岛，并依靠魔法成了岛的主人。后来，他制造了一场暴风雨，把经过附近的那不勒斯国王和王子斐迪南及陪同的安东尼奥等人的船只弄到荒岛，又用魔法促成了王子与米兰达的婚姻。结局是普洛斯彼罗恢复了爵位，宽恕了敌人，返回家园。——译者注］明确地宣称：“我们就是这样

《麦克白与女巫》（1835），作者：约瑟夫·安东·科克，这部戏的主题权力、欲望、背叛和巫术曾经引起了除雅各布时代之外的各个时期的英国社会的共鸣，已经远远超越了其诞生的雅各布时代。

的产物 / 由梦想制造的产物。”

这种魔幻般的能力被赋予到莎士比亚笔下每个人物身上，没有被姓氏、居住地和特定的历史时期（莎士比亚有许多历史剧）禁锢住，而是处于一个不断变化的过程中。显然他的创作中是没有任何限制性设定或者预先设置，他笔下的人物得以重塑自我，和彼此形成新的联系，在他们的社会中扮演起新的角色，使人物各自的人生得以进入一个新的阶段。

正如弗朗西斯・梅尔斯（Francis Meres）在 1598 年所指出的那样，莎士比亚是奥维德的信徒。奥维德是一位罗马作家，他的《变形记》——莎士比亚很可能在文法学校就学习过——讲述了我们的世界是如何形成的。在奥维德的诗中，特定的神成为追求特定的凡人的特定动物，而这些凡人为了躲避这些神，就变成了特定的动物、蔬菜和矿物质：《变形记》的核心思想就是持续不断地转变。

同样地，对莎士比亚造成了最大影响的剧作家是约翰・黎里（John Lyly），他在 16 世纪 80 年代为全男性剧团创作的别出心裁的田园牧歌式的戏剧——在剧中，仙女和牧羊人交换角色甚至性别——提供了与“奥维德”式的诗歌最接近的戏剧效果。伊丽莎白时代，戏剧业成为每日必需的活动，也是提供给莎士比亚和约翰・黎里他们个性化转变的一种显而易见的表现形式，那就是：化装。在一个只有男性存在的舞台上，女性角色只能由男孩子们通过化装来展示，在一个仍然有禁忌甚至有明确的法律规定通过穿衣服来规范阶层地位的社会里，演员穿上特定的服装来表演另一个人的过程既不可避免，又令人紧张。

莎士比亚把他职业生涯早期变装的惊喜发挥到了极致。《维罗纳二绅士》被认为是莎士比亚的第一部剧作。在这部戏里，朱利娅不得不比她那感情善变的爱人普洛丢斯更加多变——她为了得到普洛丢斯的爱，自己追到了米兰公爵府，扮成了一名男侍从。莎士比亚永远也不会厌倦这种女人（在舞台上由年少的男演员扮演）通过更换衣着的方式把自己变成一个男孩的写作手法。在莎士比亚最后一部剧作《辛白林》（创作于 1610 年前后）里，伊莫金（Imogen，或 Innogen）公主暂时地变身成了男性侍从菲德勒。或者更确切地说，伊莫金成了舞台上其他人的侍从。对我们来说，要感谢伊丽莎白时代戏剧有着旁白和独白的惯例，借助于此，人物角色得以直接对观众吐露他们内心深处的感受，让大家知道她依然是伊莫金。

无论是喜剧还是悲剧，人物角色直接和观众对话的能力都至关重要。莎士比亚的戏剧对表演之时的时代状况，和他们所表演出的虚拟的或历史上曾经真实发生的事件都同样感兴趣。他笔下的人物总是被瞬间卷入很久之前或者很远之处的故事里，再有意识地在观众们观看戏剧的这个下午或晚上，呈现在剧院，与我们这些观众相遇，就像《冬天的故事》中里昂提斯（里昂提斯是莎士比亚后期创作的喜剧作品《冬天的故事》里的角色，为西西里国王。他因怀疑自己的王后赫米温妮与波希米亚国王波力克希尼斯行为不轨，将自己还在襁褓中的女儿弃之户外，他的妻子赫米温妮在悲伤中死去，从此里昂提斯过着

在《维罗纳二绅士》的一幕里，朱利娅乔装成一个男孩，赢回了普洛丢斯的爱。这可能是莎士比亚的第一部剧作，看来他从一开始创作就用到了变装。

懊悔与悲伤的日子。但牧羊人收养了被里昂提斯抛弃的女儿，长大后的女儿经过重重波折终于回到里昂提斯身边，哀恸死去的妻子其实也是假死，最后一家人团圆并以喜剧收场。全剧以两位国王重归于好，骨肉团圆告终。——译者注）的旁白一样："就在现在，就在我说这句话的时候。"

长盛不衰的种子

这些表演的方方面面——那些"活的"并且具有变化的特质——再加上那些天马行空的想象创造出的梦想世界——这些梦想世界可能是基于 16 世纪和 17 世纪的英国现实生活描绘的，但它们从来不是仅仅提供一些舞台文本和素材。这些就是莎士比亚戏剧能够超越它们所处的时代的主要原因。他的语言丰富、兼收并蓄、通俗易懂，他的剧作的艺术形式也从来不是单一的，而是广泛地从古典悲剧和古典喜剧里吸收养分，比如说，莎士比亚创作的剧作从中世纪的神秘剧和道德剧、木乃伊和田园诗、意大利喜剧、宫廷假面剧等等多处汲取养分。反过来说，他的风格也被证明了是非常适合被分割或者被改编的，而且能够适应后世不同的戏剧模式。事实上，后来的许多新的戏剧媒介是莎士比亚本人做梦也想不到的。

本·琼森是最早一批意识到莎士比亚的戏剧有多么持久的吸引力的人之一，在他献给《第一对开本》的诗歌中，他回忆莎士比亚是"时代的灵魂"，是一个"在我们的舞台上的"了解我们时代的同僚，他认为莎士比亚的戏剧"把我们带到了伊丽莎白时代、带到了詹姆斯六世及一世时代"。同时他也认为莎士比亚是"一个展示欧洲的所有场景，并向其致敬的人"，并宣称莎士比亚"不属于某一个时代，而

属于永远”。今天，这些话语听起来不再像当时看来那么浮夸和煽情，更像是一个平静的陈述。

在琼森写下这首诗时，莎士比亚的一部分剧作已经在欧洲其他地区的舞台上赢得了人们的尊敬，英国剧团曾经环波罗的海演出，并在所到之处逐渐被改编和翻译成当地的语言。莎士比亚的《第一对开本》出版一个世纪之后，他获得了整个欧洲公认的名气和地位，这是琼森从未预料到的。

莎士比亚剧团的成功（反映在 1603 年新加冕的国王詹姆斯六世及一世对新剧团的资助上，自从获得詹姆斯国王的支持之后，剧团就更名为“国王剧团”）给主要的编剧带来了实实在在的声望。但是莎士比亚使整个不列颠的作家地位都得到提升，则是在苏格兰和英格兰合并之后（詹姆斯在位期间没能实现），随着 1707 年《联合法案》的完成，才有了回溯性的发展。早在 1740 年，就有了第一座由国家为莎士比亚竖立的纪念碑——就是莎士比亚在威斯敏斯特大教堂里的那座。第一届莎士比亚戏剧节在 1769 年举办，也就是戴维·加里克（David Garrick）的斯特拉福德纪念日，这是一项旨在庆祝莎士比亚作为当地的天才提升了他的国家和家乡的声誉的活动。

从 18 世纪开始，莎士比亚的作品在不列颠的政治生活中无处不在，尽管他的作品并不是必须走特定的政党路线。戏剧并不是一个好的宣传媒介，因为一个角色提出的任何观点都可能与另一个人的相矛盾。对许多 18 世纪的不列颠人来说，莎士比亚戏剧中人物那雄辩的口才和天马行空的想象提供的并不是对某种特定的言论的认可，而是英国式自由的形象化，以此用来讽刺当时法国的专制主义和新古典主义。

法国大革命之后，激进派和保守派都信誓旦旦地援引过莎士比亚的句子。例如，独断专行的导演约翰·菲利普·肯布尔［John Philip Kemble，1757—1823，他是莎士比亚剧作的著名演员，主演过莎士比亚笔下的许多角色。他也是剧院经理，曾对舞台艺术和剧场管理做出许多重大改革。他的姐姐就是戏剧时代最伟大的巨星——有着“悲剧缪斯”之称的莎拉·席登斯（Sarah Siddons），他的侄女范妮·肯布尔（Fanny Kemble）也是一位伟大的戏剧女星，直到今天我们依然还可以在很多莎士比亚戏剧的铜版画中找到约翰·菲利普·肯布尔的身影。——译者注］，在 18 世纪 90 年代到 19 世纪初期，在舞台上一次次地以莎士比亚笔下的贵族悲剧形象——科利奥兰纳斯（《科利奥兰纳斯》是莎士比亚晚年创作的一部悲剧，首次出版于 1623 年。讲述了罗马共和国的英雄科利奥兰纳斯，因性格多疑、脾气暴躁，得罪了公众而被逐出罗马的故事。——译者注）来反抗精心策划的革命暴徒。与此同时，莎士比亚剧作《恺撒大帝》暂时被禁，以防剧作里面对暗杀和暴乱的描述对世人产生不利影响。

一些人认为莎士比亚的历史剧能够揭开君主制政权的神秘面纱——认为他的剧作对工人阶级的政治教育和取得解放做出了必要的贡献。1847 年，就是莎士比亚原本没什么存在感的出生地为全国人所熟知的那一年，莱斯特郡的宪章派领导人托马斯·考铂（Thomas Couper）组织制作了一部《哈姆雷特》来表演，他本人作为名义上

1926 年在柏林绘制的哈姆雷特，剧作《哈姆雷特》是一部特别能引起德国共鸣的戏剧。“德意志就是哈姆雷特！”诗人斐迪南·弗雷里戈拉斯（Ferdinand Freiligrath）1844 年说道。

的异见者，要用表演收入来支付因为寻衅滋事而受审的法律费用。

建立一个由国家资助的国家剧院，这一举动起源于同样的激进时刻。因为娱乐业和商业同样变幻莫测，所以最开始设想的机构是这样的——为了共同的利益，能够让莎士比亚戏剧保留在现场演出中。这个想法是在 1848 年由约克郡的一个名叫伊芬汉・威尔森（Effingham Wilson）的自由印刷商人在一本叫作《莎士比亚之家》的小册子里首先提出的。

莎士比亚的戏剧为英国戏剧创作几乎每一个风格都提供了显而易见、不容置喙的支撑，而且这种支撑往往是开创性的，从 18 世纪到 19 世纪的画刊；由明星主导的壮观场面到备用的、按照主题设计的现代主义开放式舞台；再到诸如莎士比亚的环球剧场这样的剧场翻版里后现代博物馆式剧院的出现，都能看到莎士比亚戏剧的痕迹。此外，莎士比亚的戏剧也常常被用来支持各种政治立场。

事实上，从 1895 年奥斯卡・王尔德在他那臭名昭著的审判中引用十四行诗开始，这些年，莎士比亚还被描述成同性恋解放事业的英雄。

在欧洲的影响

说起来，莎士比亚对英国之外的其他欧洲国家来说更为重要，在这些国家，完整翻译的莎翁作品时常被作为本土文学的早期经典。不知是什么原因，无论 19 世纪的哪个国家或者地区的民族主义者，他们在谴责那些受过外国文化教育的帝国精英们压制了本土文化时，从不会提到莎士比亚，似乎莎士比亚在他们眼中从来都不算“外国人”。

在 18 世纪中叶的德国，莎士比亚为当地那些太子党的法式宫廷文化提供了解药。在 1762 年到 1766 年间，克里斯多夫・马丁・维兰德翻译了 22 部莎士比亚的剧作，这激发了剧作家歌德和席勒对莎士比亚的热情。随后，由施莱格尔发起、蒂克（1797—1833）完成的伟大翻译活动确定了莎士比亚和歌德、席勒同等的地位——莎士比亚的作品成为“第三部德国经典”。事实上，德国自诩拥有有史以来第一个专门为了学习和欣赏莎士比亚的作品而成立的国家级的有官方背景的社会机构——德国莎士比亚学会（1864 年成立）——

这个学会比德意志帝国成立的时间还早。

像他们在俄罗斯的同好一样，德国的浪漫主义者对《哈姆雷特》这部作品特别感兴趣。比如诗人斐迪南·弗雷里戈拉斯就曾经在 1844 年感慨他的民族主义者知识分子同僚在政治上的无能，高呼“德意志就是哈姆雷特！”（事实上，在第一次世界大战期间，德国的一些人要求接受协约国投降的条件之一就是要求英国正式放弃关于莎士比亚不朽名誉的全部要求。）

同样地，在拉脱维亚，莎士比亚的作品被用来削弱从俄罗斯到德国的种种外国文化的影响。在 19 世纪 80 年代，国家觉醒文化运动中的里程碑就是拉脱维亚人第一次出演了莎士比亚的戏剧——表演得非常业余的《威尼斯商人》。在这部剧里，扮演杰西卡的女学生，就是后来成了伟大的女演员和著名的民族主义诗人的阿斯帕西娅，同时也是拉脱维亚国宝级作家瑞尼斯（Rainis，本名雅尼斯·皮列克桑斯 Janis Plieksans）的缪斯女神和妻子。1918 年 11 月，正是在首次上演了《威尼斯商人》的拉脱维亚国家剧院，拉脱维亚在《驯悍记》的两次演出之间宣布自己成为独立共和国。

莎士比亚的剧作早已传播到欧洲以外。红龙号，是一艘隶属于东印度公司的大船，这里可能是非洲人第一次现场观看到莎士比亚戏剧的地方。那是 1607 年，红龙号停泊在现在的塞拉利昂时，当地的政要被送到船上观看《哈姆雷特》。

在印度被演绎

印度与莎士比亚经典作品也有着交织错综、悠久而丰富的历史，诚然，这也是因为印度曾经忍受过一段漫长的被英国殖民统治的时期。在 19 世纪，印度人作为英国殖民地，要想成为政府人员，就得通过包括莎士比亚作品相关知识内容的考试，这是为了培养当地人对英国文化的尊重。不过，莎士比亚的剧作很快就摆脱了这一框架，而且成为流行的使用印度语的兼百家之长、杂糅而成的剧作的基础，比如，1852 年的《巴努玛蒂·奇塔维拉萨》就是孟加拉版的《威尼斯商人》。

在 20 世纪，特别是印度独立之后，新兴的宝莱坞电影工业取代了莎士比亚。1965 年第一部商业片《莎剧演员》，描述了一个用英语演出的剧团巡回演出的故事——这部作品表达了殖民地的传统戏剧被电影取代的哀叹。

近些年，印度高质量的莎士比亚题材的电影获得了世界级的声誉，包括维夏·巴德瓦杰的莎士比亚三部曲：《麦克白》（2003 年上映，改编自莎士比亚的《麦克白》）、《奥姆卡拉》（2006 年上映，改编自莎士比亚的《奥赛罗》）和《海德尔》（2014 年上映，改编自莎士比亚的《哈姆雷特》）。和其他地方一样，在亚洲的戏剧和电影里，莎士比亚既可以以最现代的面孔出现，来作为对世俗社会心理写实的典范，又可

卡琳娜·卡普尔（Kareena Kapoor）在电影《奥姆卡拉》（2006）中扮演多莉（这一角色对应《奥赛罗》里的人物苔丝狄蒙娜），这部电影改编自《奥赛罗》，是维夏·巴德瓦杰（Vishal Bhardwaj）根据莎士比亚作品改编的电影三部曲其中的一部。➤

निशातगंज, बिलावल

2015年，武田和夫（Kazuaki Takeda）在伦敦巴比肯的戏剧舞台上为观众表演。这是一部日语版的《哈姆雷特》，武田和夫在其中扮演国王。

[《哈姆雷特（Hamlet）》是威廉·莎士比亚创作于1599年至1602年间的一部悲剧作品。该剧讲述了叔叔克劳狄斯谋害了哈姆雷特的父亲，篡取了王位，并娶了国王的遗孀乔特鲁德；哈姆雷特王子因此为父王向叔叔复仇。《哈姆雷特》是威廉·莎士比亚所有戏剧中篇幅最长的一部，也是莎士比亚最负盛名的剧本，具有深刻的悲剧意义。复杂的人物性格以及丰富完美的悲剧艺术手法，代表着整个西方文艺复兴时期文学的最高成就。这部剧同《麦克白》、《李尔王》和《奥赛罗》一起组成莎士比亚“四大悲剧”。——译者注]

以以最传统的身份出现——就像一位依然与戏剧的原始宗教根源有联系的作家，他对魂灵、巫婆和仙女的描写简直能让现代的导演去尝试宗教仪式和萨满教。

维夏·巴德瓦杰执导的这种基于莎士比亚剧作的电影在国际上赢得了巨大的成功。除了他之外，同样取得成功的还有日本的蜷川幸雄和黑泽明、韩国的旅行者剧团，以及中国的林兆华。维夏·巴德瓦杰的作品几乎不依赖于观众对伊丽莎白时代文化生活的那些边角料的兴趣，而是靠从另一种文化里的长期借用——无论是在戏剧现场还是使用的媒介。这反映出莎士比亚的剧本适应不同场所和不同观众这一事实，同时也反映出身为作家的莎士比亚不断转变的艺术趣味，这种转变一直在剧本的演化和更新中延续着。

莎士比亚去世四个世纪之后，他的戏剧遗产——无论是英语的剧作还是不断增加的翻译作品——成了世界文化通用语的一部分。套用一句营销口号：他是全世界的当地作家。

本文作者迈克尔·多布森，伯明翰大学莎士比亚研究院的院长。

发现更多

电视、广播和网站

▶英国广播公司的莎士比亚节从4月23日开始，庆祝活动持续一个月，节目包括戏剧、纪录片和音乐表演。

bbc.co.uk/programmes/p03dxt05

莎士比亚 历史学家的观点

这幅被称作《花》的莎士比亚肖像上面题写的日期是1609年，尽管英国国家肖像馆的专家在2005年公布的分析结果表明，这幅肖像最晚可能到了19世纪才完成。

这位演员、剧作家和诗人是什么时候成名的？他的婚姻幸福吗？他是如何学习、写作和死亡的呢？他本人真的确信无疑就是“莎士比亚”戏剧的作者吗？在莎士比亚逝世400周年之际，一个专家小组就这位英国最著名的大文豪的生活和工作提出了一系列重要的问题。

专家小组

迈克尔·多布森

（Michael Dobson）

伯明翰大学莎士比亚研究院院长，也是《牛津莎士比亚的同伴》（牛津大学出版社，2015 年）的合编者。

保罗·埃德蒙森

（Paul Edmondson）

莎士比亚出生地基金会的首席研究员和信息员，著有《莎士比亚：思想概要》（轮廓出版公司，2015 年）。

一幅 16 世纪文法学校的插图，和莎士比亚的作品中的场景近似。劳丽·马奎尔（Laurie Maguire）说：“在掌握剧作家创作所需要的素材和技巧方面，你找不到更好的路径。”

劳丽·马奎尔

（Laurie Maguire）

牛津大学莫德林学院的英语语言文学教授，也是《关于莎士比亚的30个伟大故事》（威立－布莱克维尔出版公司，2012年）一书的合著者。

雷尼·威尔斯

（René Weis）

伦敦大学的莎士比亚研究专家。他是《莎士比亚启示录：一部传记》（约翰·默里出版公司，2007年）的作者。

我们似乎对莎士比亚的私生活知之甚少？为什么？

迈克尔·多布森：我认为"似乎"一词在这里很关键。就拿他的资产分布、供养了一家人、他的洗礼情况、他的婚姻实况、他的住址、他的遗嘱以及其他法律和经济事务而言，我们已经知道得很多了——远远超过我们对和莎士比亚同一时期的其他人的了解。但是我们不知道莎士比亚自己对上述这些的想法，因为他不是一个自传作家：他让他笔下的人物顺其自然地做他们自己，而不是成为作者自我表达和自我审视的工具。

雷尼·威尔斯：我们对莎士比亚的了解比通常人们认为的要多得多，我们甚至还知道有一件他那个时期关于他私生活的八卦逸事。这件事是由律师兼纪传体作家约翰·曼宁厄姆（John Manningham）记载的，他说莎士比亚曾经和演员理查德·伯比奇为一个女人争风吃醋，就在理查德·伯比奇出演《理查三世》期间。不过，和总喜欢谈论自己的本·琼森不同，莎士比亚并没有存有一本生活流水账或者一本日记——至少没有流传到后世。

莎士比亚的早期生活和所受的学校教育对他的影响有多大？

劳丽·马奎尔：巧合的是，16世纪文法学校开设的"全国统一课程"为培养我们这位未来的剧作家提供了一个理想的体制。它着重于对话、辩论、灵活的措辞、修辞、罗马喜剧的教学——你再也找不到一个比这更好的教剧作家如何掌握必需的素材和技巧的课程了。

保罗·埃德蒙森：莎士比亚是埃文河畔斯特拉福德造就的——那里的地理状况、习俗、宗教信仰、经济条件和那里的人，共同造就了他。他作品中大量的古典人文主义教育的痕迹是由斯特拉福德的文法学校教授给镇上的男孩们的。例如，每当他提到罗马诗人奥维德的作品，或用华丽的修辞手法塑造一篇铿锵有力的演讲稿的时候，他都在某种程度上回忆起造就了自己文学习惯的校园生活。尽管沃克里郡的方言会出现在他的作品中（比如说，用“蝙蝠”表示洗衣浆，用“扫烟囱的人”表示蒲公英的种子），但是他从根本上来说还是一个演艺界的专业人士：他写国王和贵族的故事；他把一半以上的剧作背景都放在海外。

他和安妮·海瑟薇的婚姻有多幸福?

保罗·埃德蒙森：我们几乎对莎士比亚的婚姻一无所知，除了知道他们不得不在1582年的11月仓促成婚（莎士比亚当年年仅18岁，安妮·海瑟薇大概是26岁到27岁，当时已经怀孕了）。他们有三个孩子：苏珊娜（1583—1649）、双胞胎哈姆尼特（1585—1596）和朱迪思（1585—1662）。他们的独生子在11岁的时候夭折是让人非常痛心的：伊丽莎白时代的人总是渴望有强壮的男性继承人。莎士比亚在1597年（那年他年仅33岁）买下的宽大、舒适的新宅邸，是一处令人印象深刻的家庭住宅。莎士比亚的第145首十四行诗可能是他现存最早的一首诗，诗中似乎影射了安妮的姓氏“海瑟薇”（诗句中“hateaway”的发音很像“Hathaway”的发音）。他和他的妻子很可能喜欢一起作诗，还有爱。

雷尼·威尔斯：人们一直担心他的婚姻，因为基本上可以肯定安妮比莎士比亚年

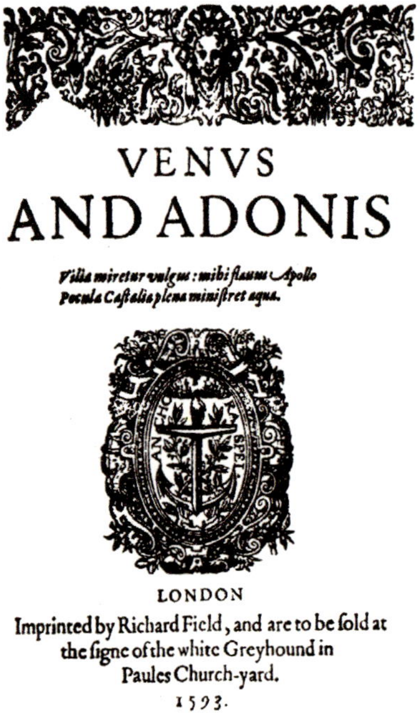

莎士比亚于1593年出版的诗《维纳斯和阿多尼斯》的扉页，当时伦敦的剧院因为瘟疫暴发而关闭。《鲁克丽丝受辱记》于一年后出版。尽管在今天，这些诗歌作品不像他的戏剧作品那样为人所知，但却在当年使莎士比亚成为一位有声望的作家。

纪大，有传言称她是像塞壬（古希腊神话中常用歌声诱惑过路航海者的海妖。——译者注）般的妖妇，引诱了当年 18 岁的小威廉，并且让自己怀孕了。他们获得了一个特殊的结婚许可证，以确保他们的第一个孩子苏珊娜是合法的。另外就是莎士比亚遗嘱中那句留给她“次好的床”，显然诗人最终还是否定了他的妻子（学界对于“次好的床”多年来一直存在争议。另一种说法是“次好的床”一般为夫妻所用，正说明夫妻的恩爱。本文中的说法仅代表文中作者观点。——译注者）。还有，那些十四行诗假设它们至少包含了一点现实生活的痕迹——可能暗示了诗人本人非常浪漫，而且还可能暗示出他与人私通了，他很可能被伦敦的一名迷人的年轻男子，另外还有一名妇人所吸引。

劳丽·马奎尔：他们看起来不是一对模范夫妻，也不是一对幸福的夫妻。尽管莎士比亚每年都回到埃文河畔的斯特拉福德，并且在那里度过了退休生活，但有证据证明他待在伦敦期间让他家乡的妻子手头拮据，没有钱花。我非常同意莎士比亚研究专家凯瑟琳·邓肯·琼斯（Katherine Duncan Jones）对莎士比亚的儿子哈姆尼特于 1596 年去世之后发生的事件的阐释，大多数夫妇都会倾向于争取再要一个男孩子来作为继承人，邓肯·琼斯认为他们没有这么做是因为他们的夫妻关系早已终止。

你认为在 1578—1582 年间和 1585—1592 年间，莎士比亚都做了什么？

雷尼·威尔斯：没有任何证据显示莎士比亚于 1592 年之前待在除了埃文河畔斯特拉福德之外的任何地方，那一年，他被一个妒火中烧的竞争对手指控抄袭。古物研究家约翰·奥布里（John Aubrey）说，莎士比亚“在年轻的时候”曾经是“乡下学校的校长”，同时他也指出，表演和诗歌就渗透在莎士比亚的血液里，他可能在 18 岁时就在伦敦当上了一名职业演员。这一切都不如他一直在家族的生意里做个手套商人那样可信，直到他不得不离开沃里克郡。

保罗·埃德蒙森：我不相信所谓“行踪成谜的岁月”这一说法——这句话不过是一个传记的套路。莎士比亚的生活中包含着许多空白时段。从 1578 年左右，莎士比亚可能开始了他的学徒生涯，就像大部分同年龄和同样生活背景的男孩一样。他理应在 1585 年左右接手家里的生意，但是因为他结婚太早，他的前程因此发生了变化。在接下来的十年里，他以自由职业者的身份在世界范围内崭露头角，并且找到了自己的位置——也许是在斯特拉福德的文法学校帮忙，也许是帮他父亲做羊毛生意，或者那时他已经去了伦敦。

莎士比亚是如何成名的？他为什么选择成为一名演员和作家？

迈克尔·多布森：我的回答依然是不知道，因为他写的是戏剧而不是回忆录。不过，我们知道他是如何成名的。在他身为演员和编剧的职业生涯早期的关键阶段，伦敦的剧院因为瘟疫暴发而关闭了。在南安普顿伯爵的资助下，莎士比亚发表了一首叙

亨利·菲尤泽利（Henry Fuseli）这幅十八世纪八十年代的画作描绘了剧作《亨利五世》中的场景，这幅画中表现的情节是年轻的国王发现了一个针对他的阴谋。

事诗《维纳斯和阿多尼斯》（1593 年）。这不是他今天最著名的代表作，但是在当时那个年代，这部作品迅速地成了他最受欢迎的印刷品。

这是一部优雅的富有同情心同时也非常风趣的软色情文学作品，主要内容是由维纳斯女神连绵不断的喘息、丰腴的肉体和苦苦劝说愤怒的年轻男子阿多尼斯和她发生性关系组成。这部作品使得莎士比亚一夜成名。他很快又写了一首悲剧性的诗《鲁克丽丝受辱记》（1594 年）。当剧院重新开张时，他已经不再是一个自由撰稿人了，而是一位有地位的著名作家。因此，他得以成为当时杰出的宫内大臣剧团的股东。作为经理、演员，同时又是剧作家，他可以凭借其独具的戏剧天分完全掌控他的艺术作品，这是同时代的其他戏剧作家无法实现的。

保罗·埃德蒙森：莎士比亚可能在很小的时候就开始演戏了，因为他意识到自己很擅长演戏。当他的家乡，埃文河畔斯特拉福德第一次迎接专业演员光临此地表演时，他才五岁，他因为父亲的关系得以前去探访。在此之后不久，他父亲做了镇长。去表演也就是去想象，莎士比亚丰富的想象力似乎也使他抓住了自由创作的机会。当他开始在伦敦工作时，他可能从经常光顾那些时髦的剧院开始，和在那里结识的朋友一起开始进行专业的表演和写作。

劳丽·马奎尔：会有主动“选择”这样的事情吗？莎士比亚对于戏剧的着迷，以及在戏剧创作过程中通过想象的力量改变世界和重塑自我的探索。戏剧是进行这种探索的天然家园。

我们对莎士比亚创作一部剧作的过程了解多少？

雷尼·威尔斯：这些戏剧可能具有普遍的吸引力，但是在近 20 年的时间跨度内，大部分创作都是经济利益驱使的。这段时间大约是从 1590 年到 1613 年。在那些基于莎士比亚手稿的同一时期的作品中，扮演莎士比亚笔下特定角色的演员本人的名字有时会替代角色出现，这显示出了莎士比亚对他公司的演员是多么熟悉。他还广泛地运用素材，在创作《亨利五世》和《安东尼和克利奥佩特拉》的所有章节期间，霍林斯赫德和普鲁塔克的书都一直在他桌子上摊开着。越来越多的学者相信莎士比亚在他斯特拉福德的新居里完成了他 1597 年之后的大部分剧作。

迈克尔·多布森：我们没有人见证过莎士比亚的写作方法，除了他的同僚海明斯（Heminges）和康德尔（Condell）在他的《第一对开本》的序言里对他的影响力所写的颂词。不过，需要指出的是，和同时期的其他剧作家之间合作的方式不同，莎士比亚既做把故事分解成一个个场景的工作，也干把对话写成剧本的活儿。莎士比亚剧作的预设各不相同：有一些，像《罗密欧与朱丽叶》和《无事生非》，遵循一个精心安排的事件发生时间表，而像另外一些比如《哈姆雷特》和《皆大欢喜》这样的剧作，看起来是有一个为人熟知的故事摆在莎士比亚面前。他一边进行创作，一边即兴改编，就这样形成了他独特的戏剧变奏。

不少人断言莎士比亚并没有创作那些他署名的作品，这种说法有什么事实根据吗？

迈克尔·多布森：关于莎士比亚本人是不是真的写了莎士比亚剧作这件事，并没有人当真去争论过，美国宇航局是不是真的把宇航员们送上月球的争论可能还比这多一些。从 19 世纪中叶开始，出现了许多没有真凭实据的阴谋论，有的是说这些戏剧是一位死去的贵族创作的，而那位贵族在许多剧作被创作出来之前就已经去世了。伊丽莎白时代和雅各布时代的英格兰人，但凡是谈到这个话题的，都说莎士比亚的戏剧和诗歌就是斯特拉福德的这位著名的、有翔实记录的威廉·莎士比亚亲手所作，从来没有人有过怀疑，那么，我更倾向于赞同那个年代的见证人们的一致观点。

劳丽·马奎尔：这样的说法其实是不懂得在艺术作品中创造力和想象力的重要角色。有些人说如果一个人不是律师，那就无法写有关法律的故事（因此莎士比亚其实是培根）；有些人说如果一个人不是贵族，那就写不了宫廷里的故事（因此莎士比亚其实是牛津伯爵）。要是这么说的话，莎士比亚对女性的描写非常细腻，这是否说明他其实是一位女性呢？

2015 年，《乡村生活》杂志发布了一则声明，说这幅插图可能真实地描绘了莎士比亚。插画刊载在一本 16 世纪的书的扉页上，那本书名为《草本志》，内容与植物相关。

在“环球剧院《哈姆雷特》全球巡演”的排练中（2014年4月23日是威廉·莎士比亚450周年诞辰。环球剧院宣布推出莎士比亚经典悲剧《哈姆雷特》的全球巡演。此后在包括上海在内的世界各地的城市进行了巡演，历时两年。——译者注），雷迪·埃默鲁瓦扮演的哈姆雷特对战约翰·道格尔扮演的克劳狄斯，这次巡演于2014年到2016年间在205个国家上演了《哈姆雷特》。

莎士比亚生前有多著名？

劳丽·马奎尔：他当年以他毫不戏剧化的诗歌而闻名。他所在的剧团“国王剧团”以戏剧而闻名，他本人也是——但很可能并不比其他几位为国王剧团写作的剧作家更著名，比如米德尔顿（Middleton）、琼森（Jonson）或者后来的弗莱彻（Fletcher）。

雷尼·威尔斯：到了1597年，差不多就是《亨利四世》剧作中故事发生的时间，莎士比亚足够富有，他已经能买下埃文河畔斯特拉福德最大的私人庄园之一了。本·琼森很少赞美别人，但是在《第一对开本》中，他为莎士比亚所写的赞歌把他的这位朋友拔高到了神一般天才的地步，这使得莎士比亚在英格兰的同行中名列前茅，几乎能和最伟大的古典戏剧家并驾齐驱了。他称莎士比亚就是“埃文河畔的天鹅”，是“诗人中的明星”，“不属于某个时代，而属于永恒”。

你认为莎士比亚最可能的死因是什么？

雷尼·威尔斯：伤寒。1662年，斯特拉福德的一位消息人士约翰·沃德牧师宣布说，莎士比亚死于与德雷顿和琼森狂欢时染上的“发烧”。沃德一定认识莎士比亚的小女儿朱迪思，她就住在他的附近。朱迪思于1662年去世——沃德在自己的日记中提到了她。因此，沃德所说的“发烧”可能不仅只是当地的传闻，而且可能出自朱迪思·莎士比亚本人。我们从莎士比亚的女婿约翰·霍尔那里得知，伤寒，当时被称为“新型伤寒”或“斑疹伤寒”，1615年到1616年间在沃克郡传播非常严重。

2015年“发现”在《乡村生活》杂志上的画描绘出了真实的莎士比亚吗？

迈克尔·多布森：我很确定它没有。没有合理的理由证明在莎士比亚的早期职业生涯中，他曾经用他和蔬菜在一起的肖像画来装饰园艺画册的扉页，这在某种程度上只是当时创作者别出心裁的一厢情愿。

保罗·埃德蒙森：我认为《乡村生活》杂志提出的证据是不可信的。它之所以表面上看起来令人信服是因为图中是一个清晰可辨的人，因为同一页上印的其他三个都是真实的人物状态。莎士比亚研究专家斯坦利·威尔斯提出第四个人是沃尔特·雷格爵士，并给出了令人信服的理由。

为什么你会觉得莎士比亚的戏剧在今天依然受人敬仰？

劳丽·马奎尔：莎士比亚的戏剧在心理方面的描写没有年代上的局限性。米德尔顿和琼森的戏剧都比较类型化、漫画化，但是莎士比亚试图摆脱刻板印象。夏洛克（英国戏剧作家莎士比亚的喜剧《威尼斯商人》中的主要人物之一，世界文学作品中四大吝啬鬼之一，他吝啬到了极点。高利贷者、犹太富商，为人尖刻、贪婪。——译者注）那痛苦的演讲的核心是这样的——他要求被视作一个人，而不仅仅是一个犹太人："如果你刺向我们，我们不流血吗？"莎士比亚的剧作展示了人们坠入爱河、繁衍后代、试图摆脱困境的种种场景。这些都是超越了时代和文化分歧，人类共通亘古不变的。

雷尼·威尔斯：莎士比亚的戏剧作品和那个戏剧化的时代同呼吸、共命运。莎士比亚的魅力有一部分来自他非凡的语言，这一部分是由于《圣经》在英国的广泛影响，以及第一次用白话的方式提出了那些最振聋发聩的道德和精神层面的问题。例如，《哈姆雷特》就与《圣经》里的句子和困境产生了共鸣。莎士比亚作品里的隐喻和暗喻从未停止唤起我们强烈的情感，因为这些作品的普适性和新颖的视角为我们提供了人类共通的经验。

把莎士比亚称为英格兰最伟大的文学人物准确吗？

迈克尔·多布森：当然——尽管我觉得这么说比较狭隘，不过莎士比亚的作品不是狭隘的，他属于全世界。

劳丽·马奎尔：用绝对的语言来讨论文学艺术是很难的，但是莎士比亚的剧作的确频繁而长久地在如此之多的国家被上演着，对我来说，这足以称之为伟大了！莎士比亚那举世闻名的剧作《哈姆雷特》（从 2014 年到 2016 年的巡演，它遍访全世界的无数国家）一直受到热烈的欢迎，就充分说明了这一点。

保罗·埃德蒙森：那将是对英格兰其他伟大作家的冒犯。莎士比亚是世界上最伟大的作家之一，因为全世界对他的作品无穷无尽的翻译，使他简直成了某种国际货币。因为自身的天赋，他成为为数不多的使自己的名字成为一种现象级标签的伟大人物之一。

莎士比亚的时代

环境对于作品塑造的影响：发现当时社会主流的信仰，深入研究雅各布时代的伦敦，并了解和莎士比亚相关的其他演员和作家。

SHAKESPEARE'S TIME

莎士比亚的生活与他的时代

特蕾西·博尔曼将这位剧作家的生活和事业进行编年，那些推动了历史进程的关键事件历历在目。

1564年

据埃文河畔斯特拉福德的圣三一教堂记载，1564 年 4 月 26 日，“古列姆斯·菲利乌斯·约翰尼斯·莎士比亚（威廉，约翰·莎士比亚之子）”受洗。尽管按照传统，都是在 4 月 23 日庆祝他的生日，这一天也是圣乔治节，但其实并没有确切的证据能证明他是在这一天出生的。威廉是他们家里八个孩子中的一个，是手套商人约翰的长子。他的妈妈玛丽来自一个富有的农民家庭。

（“圣乔治节”是英格兰国庆日，它是一个带有宗教色彩的纪念日，主要在一些将圣乔治作为守护神的国家和地区间举行。据说圣乔治约在公元 280 年生于巴勒斯坦，也有一说圣乔治原籍在今土耳其。传说中，沼泽中的一头喷火恶龙在泉水旁边筑巢，年轻的乔治用十字架保护自己，最后终于击杀恶龙救了公主，也拯救了全市的人民。而被杀死的恶龙血液流到了地面，正好形成了一个十字形，而这也就是如今英格兰民族旗帜图案的由来：白色背景下的红十字架。

发生在莎士比亚一生中的重要历史事件

根据传统，英格兰人在圣乔治日这天胸前别一朵英格兰的国花——红玫瑰。街上各色的建筑门口会挂上白底红十字的圣乔治旗。不过，随着 18 世纪英格兰和苏格兰的统一，圣乔治日的地位被逐渐忽视。如今，它没有被列为英国的公共假期。——译者注）

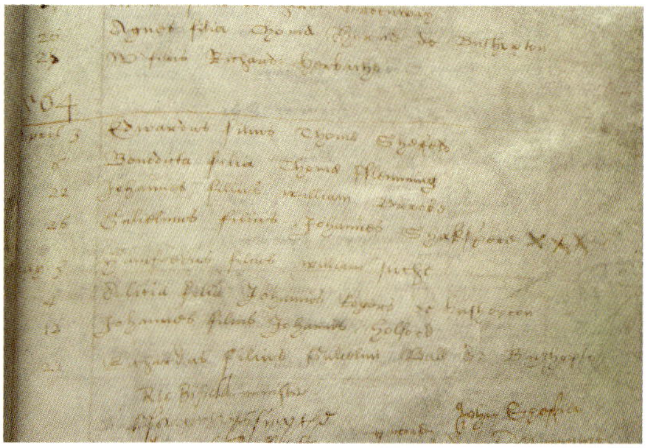

这是一幅教皇皮乌斯的版画，他以异端的名义将伊丽莎白一世革出教会。

1570年

教皇皮乌斯将伊丽莎白革出天主教会，并不让臣民继续对她效忠，助长了她的天主教敌人的势力。第二年，诺福克公爵密谋杀害伊丽莎白，并计划将伊丽莎白的对手玛丽送上王位，然后和玛丽结婚，不过诺福克公爵于1572年被逮捕并被处决。

1570

1567年

这一年，苏格兰女王玛丽（左图）被迫退位。第二年，她逃到英格兰，投靠了她的表妹（也是她的劲敌）伊丽莎白一世，可惜后者不但没有为她提供保护，反而将她囚禁了起来。1569年，英格兰北部的一个天主教贵族团体试图推翻伊丽莎白，将玛丽送上王位。

埃文河畔斯特拉福德的圣三一教堂记载了莎士比亚在1564年4月23日接受了洗礼。很多人相信这意味着他是在这个日期的三天前出生的。

1571年

莎士比亚迈进了国王新学校的大门，成为它的一员。这是斯特拉福德的一所重要的文法学校，因爱德华六世（爱德华六世，Edward VI，生于1537年10月12日，死于1553年7月6日，名爱德华·都铎，是都铎王朝第三任君主，英格兰与爱尔兰的国王。他是亨利八世和第三个妻子珍·西摩的儿子。也是英格兰首位信奉新教的统治者。爱德华六世于1547年1月28日即位，同年2月20日加冕时年仅9岁，由舅父萨默塞特公爵爱德华·西摩摄政。1549年萨默塞特公爵在宫廷斗争中失势，诺森伯兰公爵约翰·达德利摄政。由于国王年轻病弱，他在位六年便去世。——译者注）授予该镇皇家特许而得名。这里的课程包括大量的拉丁文学和历史，莎士比亚很可能用在这里学到的知识，后来用于剧作创作的素材，比如李维、西塞罗，以及最重要的奥维德——莎士比亚最喜爱的诗人。

奥维德的中世纪意大利雕像，他是莎士比亚最喜爱的诗人。

发生在莎士比亚一生中的重要历史事件

1571年

作为伦敦的商业中心，皇家交易所在康希尔和针线街之间选址，由商人托马斯·格雷欣修建。1月23日，伊丽莎白女王宣布皇家交易所正式开放，这是英国第一座专业的商业建筑。

弗朗西斯·德雷克爵士，源自大约1583年所画的一幅油画。

1577年

弗朗西斯·德雷克［Francis Drake，生于1540年，死于1596年。是英格兰著名的私掠船船长和航海家，同时也是伊丽莎白时代的政治家。德雷克在1577年和1580年进行了两次环球航行。1581年4月，女王伊丽莎白一世亲自登船赐予德雷克皇家爵士头衔。1588年德雷克成为海军中将，在军旅中曾击退来自西班牙无敌舰队（Spanish Armada）的攻击，德雷克由此受封为英格兰勋爵。——译者注］第一次踏上了从英格兰出发的环球航行的征程，这次航行计划用时三年，很可能是准备对西班牙船只和港口进行突袭。到1578年10月，弗朗西斯·德雷克的五艘船只剩下一艘：鹈鹕号，德雷克将这艘船改名为金鹿号。

1582年

当一个当地女性安妮·海瑟薇发现怀上了他们的孩子之后，莎士比亚的生活发生了意想不到的变化。她当时 26 或 27 岁，比他大将近十岁。这对夫妻在这一年的 11 月匆忙结婚，他们的第一个孩子苏珊娜在次年五月出生。接着，1585 年，双胞胎哈姆尼特和朱迪思降生了。莎士比亚的十四行诗第 145 首暗示了他妻子的婚前姓氏海瑟薇（Hathaway）："她把'我恨'的恨字摒弃（I hate' from hate away she threw.）。"

1585年

伊丽莎白于 8 月 10 日签署了《楠萨奇条约》（被认为是英西战争的导火索——译者注），英格兰承诺在抵抗西班牙统治的斗争中，向荷兰提供支援。她对荷兰的保护和支持是自私的：荷兰为腓力二世［西班牙哈布斯堡王朝第二位国王（1556—1598 年在位）和葡萄牙哈布斯堡王朝首位国王（1580—1598 年在位）。1554 年，还是王储的腓力二世与英格兰女王玛丽一世结婚，腓力二世统治时期使西班牙国力昌盛，同时在军事方面开支巨大。在他去世后，西班牙很快衰落了。——译者注］发动对英格兰的入侵提供了绝佳的途径。腓力二世认为这项条约就是英格兰宣战的标志。

1580

1586年

巴宾顿阴谋——另外一起想把苏格兰女王玛丽推上王位的阴谋被曝光。这次，有证据表明玛丽与此事有关，她被判了叛国罪。在议会的巨大压力下，伊丽莎白于 1587 年 2 月 1 日签署了她表姐的死刑令，玛丽在一周后在佛斯林费堡被处决。

1630 年的一幅蚀刻画，展示了安东尼·巴宾顿和他的同伙正在密谋驱逐伊丽莎白。

1588年

腓力二世发动舰队入侵英格兰，为玛丽报仇。这可以说是伊丽莎白自30年前登基以来面临的最大威胁，也是英格兰自1066年诺曼征服以来面临的最大威胁。多亏了她那些技艺娴熟的水手和英格兰的天气，伊丽莎白才取得了胜利。但是西班牙的威胁从未消失，腓力二世在接下来的十年里又发动了两次入侵。

剑桥大学圣体学院的这幅画，据说是剧作家克里斯托弗·马洛1585年的画像。

1593年

和莎士比亚一起写作的剧作家克里斯托弗·马洛（Christopher Marlowe）于5月30日在一次酒馆斗殴中被杀害。他对莎士比亚写作的影响一直颇受争议，有人认为马洛是署名为莎士比亚的作品的真正作者。在《皆大欢喜》里的句子可能影射了他的竞争对手："这死法比老死于窗牖之下更烈。"

发生在莎士比亚一生中的重要历史事件　1590

一幅16世纪晚期罗伯特·格林的木刻画，画中展示了作者"穿着死亡的制服"写作。

1592年

莎士比亚第一次作为剧作家被提及，这是作家罗伯特·格林（Robert Greene）的杰作，他发表了一篇对莎士比亚的强烈谴责，里面有"一只攀上高枝的乌鸦……一个演员的外表之下掩藏着一颗老虎的心"。这时的莎士比亚已经搬到了伦敦，他依然在做演员。《亨利六世》第一幕——这可能是莎士比亚的第一部剧作——这一年在玫瑰剧院上演。

1594年

从这一年开始，莎士比亚的剧作只在宫内大臣剧团出演。这个剧团是由包括莎士比亚和理查德·伯比奇在内的一批演员组成的，它很快就成为伦敦首屈一指的剧团，总部在位于肖尔迪奇的剧院。这是莎士比亚最多产的创作阶段之一，在这期间，莎士比亚创作了《错误的喜剧》、《爱的徒劳》、《罗密欧与朱丽叶》以及《仲夏夜之梦》。

1595年

8 月 28 日，弗朗西斯·德雷克爵士和约翰·霍金斯爵士从普利茅斯入海，对西班牙进行突然袭击。这次航行以灾难告终。两位指挥官一开始就争吵不休，健康状况欠佳的霍金斯于 11 月 11 日去世。两个月之后，致命的伤寒病席卷了战舰，德雷克也于 1 月 27 日病倒了。剩下的水手都回来了，他们的航行以失败告终。

一幅 16 世纪的画作展示了弗朗西斯·德雷克爵士的舰队在佛得角袭击圣地亚哥的情景——这幅图是西班牙的藏品。

1595

1596年

莎士比亚的儿子哈姆尼特去世，年仅 11 岁。薇奥拉（薇奥拉是莎士比亚喜剧剧作《第十二夜》里的人物。这部戏剧约写于 1600—1602 年间。该剧描述了西巴斯辛和薇奥拉这一对孪生兄妹在一次海上航行途中不幸遇难，他们俩各自侥幸脱险，并流落到伊利里亚的故事。薇奥拉女扮男装给公爵奥西诺当侍童，她暗中爱慕着公爵，但是公爵爱着一位伯爵小姐奥丽维娅。可是奥丽维娅不爱公爵，反而爱上了代替公爵向自己求爱的薇奥拉。经过一番有趣的波折之后，薇奥拉与奥西诺，奥丽维娅与西巴斯辛双双结成良缘。——译者注）在《第十二夜》中对她孪生兄弟的死表现出深切的哀悼，可能就源自这桩悲伤的事件，这件事可能也为剧作家创作最为著名的英雄哈姆雷特这一角色播下了种子，哈姆雷特的名字与莎士比亚去世的儿子的名字非常相似。

薇奥拉在描绘《第十二夜》场景的一幅画中打扮成一个男孩。

一幅18世纪的版画，是关于莎士比亚新居的，它是莎士比亚于1597年买下的大房子。

1597年

这是他流光溢彩的职业生涯中一桩标志性事件，莎士比亚置办了他价值巨大的财产，他的新居，号称是埃文河畔斯特拉福德的第二大私人住宅，花费高达120英镑。同样是这一年，宫内大臣剧团的成员为伊丽莎白女王举办了私人演出，剧目为《爱的徒劳》。

发生在莎士比亚一生中的重要历史事件

1597年

《济贫法》条例的通过，为英格兰提供了第一部完整的穷人救济规范。穷人的监督者被指派给穷人分发钱、食物和衣服。该条例经过修正，形成了1601年的《伊丽莎白济贫法》，该法的形成为未来两个世纪的贫困救济奠定了基础。

一幅16世纪木刻画，内容是一位绅士施舍乞丐。

这幅版画展示了 1599 年于泰晤士河南岸刚开工时的环球剧院。

1599年

这一年是莎士比亚及其剧团的一个重大转折点，在这一年的 5 月，他们在伦敦的南华克开设了环球剧院（Globe theatre），这一剧院是由被拆毁的肖尔迪奇剧院收集来的材料建造的，成了伦敦有史以来最令人印象深刻的剧场。《亨利五世》和《恺撒大帝》这两部剧作成为公司在新的舞台上演出的首批剧目，莎士比亚可能就是在这一年开始创作他最伟大的《哈姆雷特》的。

1600

1601年

下图是伊丽莎白最为喜爱之人，罗伯特·德弗罗，埃塞克斯伯爵（Robert Devereux）。他领导了一场反对伊丽莎白政权的叛乱。在这次爱尔兰的灾难性斗争失败之后，他被逐出了宫廷。他的支持者们安排莎士比亚的剧作《理查二世》（这部剧作的特点是废黜国王）在环球剧院演出。叛乱轻而易举就被皇家军队击溃了，埃塞克斯和他的同谋们全部被处决。

这是 19 世纪的一幅油画，画的是莎士比亚剧作《麦克白》中的场景——麦克白遇到了三个女巫。

1603年

宫内大臣剧团经常为伊丽莎白一世演出，而伊丽莎白一世于 1603 年去世让莎士比亚前途飘摇不定。不过莎士比亚和他的剧团很快又得到了新国王——詹姆斯六世及一世的青睐，他们将剧团更名为“国王剧团”。莎士比亚写的几部剧，特别是《针锋相对》（1604 年）和《麦克白》（1606 年），引起了国王对其中的正义、宗教和女巫的兴趣。

发生在莎士比亚一生中的重要历史事件

1603年

伊丽莎白一世没有子嗣，苏格兰的詹姆斯六世成了她的继位者。詹姆斯六世是苏格兰女王玛丽的儿子，他继位之后被称为英格兰的詹姆斯一世。就这样，英格兰、苏格兰和爱尔兰这三个独立的王国此时首次得以统一，同为一位君主所统治。

1604年

詹姆斯一世初期的外交政策之一就是结束与西班牙的长期战争。同年 8 月签署的《伦敦条约》使西班牙将英格兰纳入囊中的希望破灭。在未来的 20 年内，两个国家一直保持和平。

这幅画描绘了 1604 年在萨默塞特宫举行会议的场景，《伦敦条约》就是在这次会议上签署的。

1605年

1604 年，一群英格兰天主教徒因詹姆斯一世缺乏宗教宽容而愤怒，他们策划了一个阴谋，点燃上议院地下室的火药桶，企图炸死国王，炸毁议会。这一阴谋在 1605 年 11 月机缘巧合地被发现，包括盖伊·福克斯在内的共谋者均以叛国罪被判处死刑。

17 世纪雕刻作品，内容是上天那“无可逃遁的眼睛”圈定了盖伊·福克斯。

1606年

12 月 26 日，莎士比亚剧作《李尔王》在皇宫内首演。这部关于被分裂的王国和丧失了理智的君主的凄凉悲剧，是莎士比亚在这一时期创作的几部剧作之一，描绘了 1605 年发现火药阴谋的震惊，以及随后弥漫在宫廷里的紧张气氛。

图为 1890 年出版的莎士比亚创作的《李尔王》中插图。

1607年

贫瘠的国库激发了詹姆斯从新的世界寻找黄金和财富的欲望。他支持商人和冒险家的行为，尤其是弗吉尼亚公司。1607年，这家公司在北美建立了第一个永久性的英国殖民地詹姆斯敦。

一枚纪念建立詹姆斯敦的美国硬币，詹姆斯敦是英国在美国建立的第一个永久性的殖民地。

1611年

詹姆斯六世及一世委托修订出第一个“钦定版本”的《圣经》（也就是人们所知的英王詹姆斯一世圣经）。因为都铎时期的宗教动荡期间，令人困惑的改革接二连三地出台，所以在詹姆斯登基之前的几年里，有好几个不同版本的英文《圣经》在流传。

发生在莎士比亚一生中的重要历史事件 1610

1609年

国王剧团接管了黑衣修士剧院，这是一家设施齐备的室内剧场，从环球剧院出发，穿过泰晤士河就到了。之后这家剧场成了莎士比亚的剧团冬季的演出场地。这个温馨的空间激发了莎士比亚剧本创作的最后一轮冲刺：《泰尔亲王佩力克里斯》（1609 年）、《辛白林》（1610 年）、《冬天的故事》（1611 年）以及《暴风雨》（1611 年）。同样是在 1609 年，莎士比亚十四行诗首次出版。

莎士比亚剧作《暴风雨》在黑衣修士剧院演出，画作出自20世纪插画师 C. 沃尔特 · 霍奇斯（C.Walter Hodges）之手。

1616年

这年1月，莎士比亚和他的律师开始起草他的遗嘱。他广为人知的遗嘱条款是给他61岁的妻子留下了“次等的床”。后来的一则逸闻将他于4月23日的离世归因于和本·约翰逊的“愉快会面”，据说是两位剧作家见面的时候“喝得太多”。莎士比亚被葬于他当年受洗的教堂里。

特蕾西·博尔曼是一位历史学家，也是一位作家。她的作品《都铎王朝的后宫生活》由霍德&斯托顿出版公司于2016年5月出版。

1613年

6月29日，在莎士比亚的喜剧《亨利八世》演出期间，一门道具大炮点燃了茅草，环球剧院被一场大火夷为平地。莎士比亚的剧团很快重建了剧院，但是，这件事情似乎使莎士比亚的退休日程提前了。他对英国文学、戏剧和语言的贡献是不可估量的，他一生至少创作了37部剧作和154首十四行诗。

1615

1613年

这一年的2月，詹姆斯一世16岁的女儿伊丽莎白，因其美丽、富有智慧和迷人的魅力而广受赞誉。她嫁给了莱茵河畔的选帝侯腓特烈五世。国王剧团演出了差不多20场戏剧来纪念这次盛典。一个世纪之后，伊丽莎白在汉诺威居住的后代将登上英格兰王位。

16世纪20年代的一幅版画中描绘的伊丽莎白·斯图亚特，詹姆斯六世及一世的女儿。

莎士比亚的心灵深处

莎士比亚认为的四种人类“性情”：暴躁、乐观、冷漠和忧郁。

莎士比亚所处的时代和我们所处的时代有着微妙而又强烈的不同。在本章中菲尔·威辛顿就六个关键性的主题进行了探索，揭示了一个有关莎士比亚及其创作的世界观。以我们的眼光来看，这个世界观显得既陌生又熟悉。

《拉斐尔·霍林希德编年史》里关于文法学校的木刻作品。

威廉·莎士比亚生于1564年的4月，五十二年之后，他于1616年4月去世，他的一生跨越了伊丽莎白时代和雅各布时代。历史学家常常描述这一时期为“黄金时代”，以用来表示这一时期强大的历史力量聚合在一起，把中世纪国家转变为“现代”社会。

但是莎士比亚生活的社会是什么样的呢？文学评论家可能会去他的剧本中寻找答案，但是纵观社会和文化史，才能更全面、广泛地审视伊丽莎白时代和雅各布时代

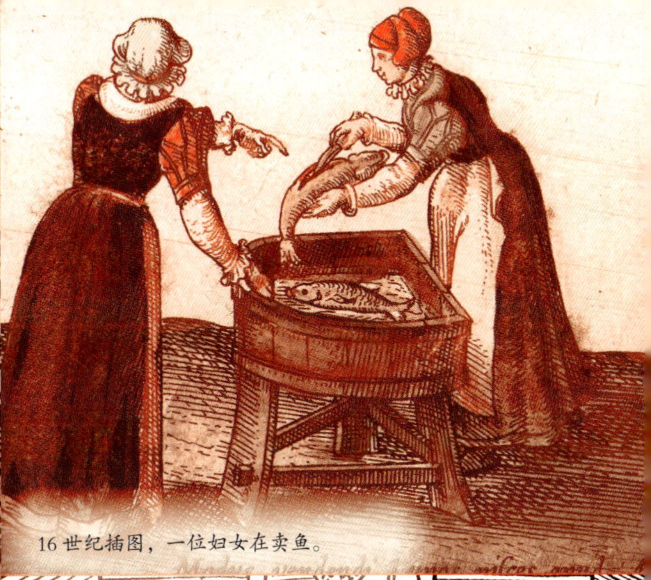

16世纪插图，一位妇女在卖鱼。

大约1521年的一幅当代木刻作品：教皇利奥十世监督烧毁马丁·路德的书。

各个时期的生活，为莎士比亚的作品提供了更广泛和更翔实的背景。

值得注意的是，莎士比亚生活在一个发生着惊天剧变的时代。关于自我、医学和性格、宗教和精神、政治和社会、国家和国际文化等等的观念都与我们现在截然不同，许多观念在他有生之年一直都在转变。虽然剧作家的作品很大程度上借鉴和采集了历史和神话中的主题和故事情节，但是他笔下人物的言行依然最直接地反映出了莎士比亚所生活、工作和演出的那一时期英格兰社会的习俗和做派。

医学与躯体

由于对生理学的理解有限，基于古代信仰的医疗护理被许多“专家”所采用。

对我们来说，近代早期文化中最为陌生的领域是人们对于医学的认知和实践方式。在英格兰，医学是从古希腊人和罗马人那里继承而来，以人的躯体的概念作为基础的。到了莎士比亚的时代，这种理念已经通过各种途径融入了大众文化，尤其是通过印刷品。其结果就是莎士比亚和他同时代的人理解的人的躯体都是“充满体液的”。

这种观点认为，人体由四种主要的体液组成，它们是黑胆质、胆液质、血液质、黏液质。（四种体液学说，是由希波克拉底创立的，他被尊为“西方医学之父”。——译者注）每个人都有一种支配性的体液，这种体液决定了他的性格，也使他容易患某些疾病。胆液质过多的人暴躁易怒；血液质的人性格乐观；黏液质让一个人安静、沉着；黑胆质则使人忧郁。

鉴于这里面每一种体液本质上分别是湿寒（黏液质）、干寒（黑胆质）、干热（胆液质）或者湿热（血液质），人们可以通过操纵外部因素来调节身体内部的平衡，从而影响自己的健康和个性。比如说，用热性食物比如辣椒和莱茵酒让体质暖一些，或者用鸽子肺、黄瓜来让体质不那么干。

肝脏被认为是人体生理运转的中心，尿液被认为是体液平衡的重要晴雨表。

因此，从根本上来说，医学包括评估患者的体液平衡情况、建议他们如何保持或者恢复平衡（一般是通过净化或者通过饮食），以及提供生活方式的建议。这是一个预防性和注重身体功能整体性的医疗体系，实际上在保持人们的身心健康方面发挥了很好的作用，但在治疗病毒、细菌引起的疾病以及严重的先天性疾病方面效果比较差。

虽然体液为理论基础建立的医疗体系被广泛接受，但实际上医学的应用是多样的，这些应用被分摊给四个主要的“专家”组。绝大多数的治疗是在家里进行的，通常由妇女来施行。她们的知识可能代代相传，或者收录在莎士比亚时代出版的越来越多的医学自助书籍里。

富裕的病人可以咨询像莎士比亚的女婿约翰·霍尔这样的医生，他受过古典医学的训练，并获得了医师学院颁发的执业许可。

断腿和其他外科疾病都是由兼任理发师的外科医生来治疗的，这些人在护理头发、皮肤和骨骼方面要先做七年的学徒。持有执照的药剂师也可以提供建议，以及提供蒸馏医疗用具和药物。对于“有了孩子”（对怀孕的一种叫法）的妇女，有持牌照的助产士来帮助她们——这是女性唯一被允许从事的医学职业。

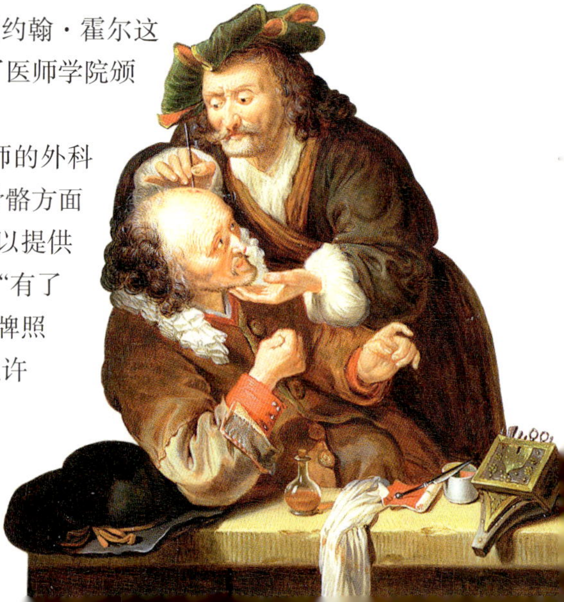

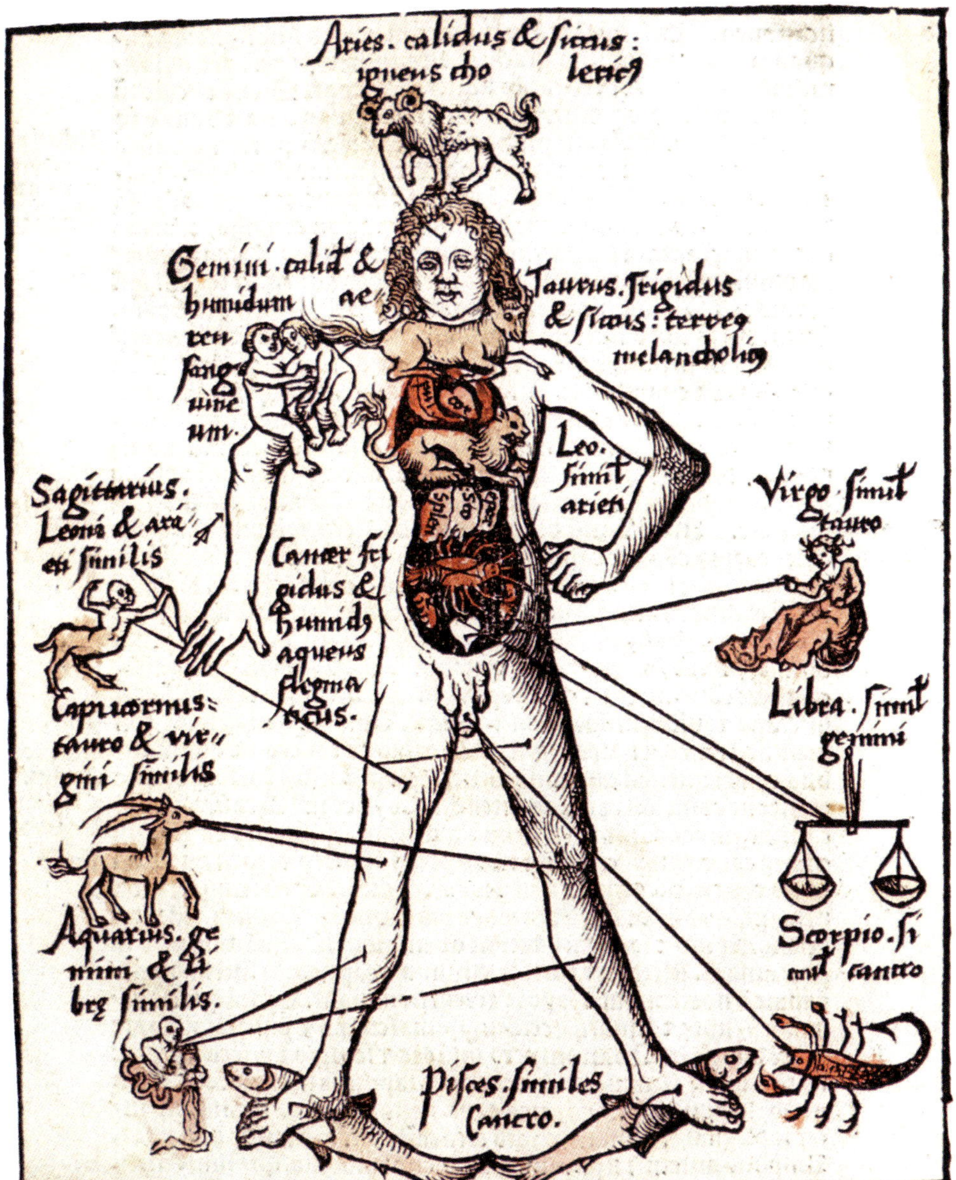

1508年出版的格雷戈·赖希所著的知名著作《哲学珍宝》中的一幅插图展示了器官、人体体液循环系统与黄道十二宫之间的对应关系。

◁一幅17世纪的画作，描绘了一位兼任理发师的外科医生在工作。这些人都进行过处理皮肤和骨头的训练。

信仰与崇拜

基督教世界面临严重的分裂，人们的信仰变得复杂而多元化。

在欧洲，“传统”意义上的中世纪教堂的崩溃早在 1517 年就开始了，当时路德发表了他关于威登堡教皇的论文。接下来的一个半世纪里，关于谁才是“真正的基督教上帝”众说纷纭。在英格兰，变革的步子更缓慢一些：直到 15 世纪 30 年代，亨利八世才与罗马决裂，以便与妻子离婚并与安妮·博林结婚。当时正是在爱德华六世的短暂统治期间，到了 15 世纪的 40 年代末和 50 年代初，新教福音派推动了一场宗教革命。在莎士比亚的有生之年，天主教和新教、温和派和清教徒、圣公会和加尔文主义等各种不同立场的宗教派别开始应时而生。

现代历史学家们认为，宗教改革的特点是一系列令人困惑的教义立场，不过其中两个关键因素值得特别关注。第一个是意识形态冲突的正常化：新教徒反对天主教徒；新教徒中的一种反对其他种；虔诚的反对不虔诚的；改革派反对保守派。他们之间的争论不仅围绕着如何敬拜上帝，还包括如何穿衣、如何说话、如何饮酒和如何打手势。这些矛盾影响到生活的方方面面。

第二个是前所未有地强调上帝的原话。对新教徒来说，这是一个中心原则，就是个人应自己聆听和诵读上帝的话语，而不是依赖牧师的转述或者通过那些他们无法理

16 世纪关于巫术的画作，当地治疗师冒着被指控的危险。

解的图像和咒语。甚至天主教徒也不得不公开驳斥这些论点。总的来说，每个派别都在试图劝说、沟通、改变其他人的信仰，以及互相泼脏水。莎士比亚就生活在这个伟大的年代，此时充满了论战，教育、印刷机甚至剧院都被当作重要的传播意识形态的武器。

1529 年的一幅马丁·路德的肖像，他对教皇的评论引发了宗教改革。

但是除了神学上的争论以外，当时的日常生活还引发了其他精神方面的问题。除了四种公认的医学分支的医生、理发师外科医生、药剂师和助产士之外，还有一大堆“不正规”的从业者，普通人更愿意相信他们。这些知识和信仰的其他形式补充了“体液”这一医学系统。

当地以医术闻名的住在附近的女性可能是病人得到康复的主要原因。有例子可以佐证，比如 17 世纪之交，在苏塞克斯郡的黑麦镇，安妮·泰勒从她母亲那里继承了镇子上医生的职业，而她母亲也是从自己母亲那里继承来的这一职业。1607 年，这种医者在当地病人心目中地位的特殊性和危险性开始突显。玛莎·希金斯指责安妮用她的医学知识谋害了她的丈夫。其他女性则指责安妮伤害到了她们的孩子，并向神祷告。安妮很快就面临着巫术的指控——这本身就表明了医学和巫术之间的亲密关系。这也是那个年代许多妇女被冠以巫婆之名的原因。

占星术士的数量几乎和女医师、女巫师一样多。在古代占星术中，那些受过训练（或者被称作受过训练）的男性，不仅提供基于体液学说的医学诊断，还基于病人出生时的信息和宇宙志用占星术进行占卜。另外一些提供治疗的是神职人员，除了拯救灵魂，他们还经常被咨询身体和精神方面的病症，他们大多在体液医学方面也知识丰富。

因此，就信仰方面来说，莎士比亚生活在一个体液学说为医学主流、巫术普遍、魔法和占星术流行，且在基督教的旗帜之下不同的宗教信仰派别和崇拜形式趋于多样化的年代。

The
Chancellors
Seat

政治与公共生活

宗教派别的分化对英格兰政治产生了巨大的影响，对国家、各个政治实体和公众参与政府事务的方式等也产生了巨大的影响。

宗教改革是一场意识形态的斗争，它关乎上帝的本质、崇拜、敬虔和救赎。同时它也是一场深刻的政治斗争：由谁来行使宗教权威？是教皇、君主、主教或是教会？以及人们的宗教信仰该如何组织、安排？

在莎士比亚时代，新教与英格兰君主政体的关系越来越密切，这产生了多种后果。它确立了英格兰在欧洲的地位。在这一时期，英格兰人作为拥护他们新教国家的爱国者，在海外作战多次：15 世纪 70 年代，和荷兰一起对战西班牙；1588 年对战西班牙无敌舰队；15 世纪 90 年代与信奉天主教的爱尔兰人对战。

在离家乡比较近的地方，安分守己的天主教徒有被政府定为精神犯罪的危险，而那些希望对新教霸权直接采取行动的人，则有被定为叛国罪的危险，1605 年的火药阴谋案就生动地说明了这一点。

当时，新教成为英格兰政界一个重要的身份标志：它反抗专制的教皇和西班牙的帝国主义行径——尽管它以正义之名迫害邻国人民，又殖民爱尔兰人（以及后来的美洲土著人）。但新教并不是英格兰政治文化发展的唯一方面。莎士比亚生活在一个人们思考政治的方式急剧变化的时代，人们如何参与政治生活，对政治的期望是什么，都在不断变化着。

莎士比亚在世的时候，许多深入人心的观念让英格兰的男人和女人都用非君主政体或者是超越了君主政体的方式去思考这个国家。这些观念中的一种是“联邦制”，即为了他们自己的利益，也为了整个国家的利益，自由的男男女女通过建立契约形成社区。这些观念中的另一种是“国民”，这种观念坚信在君主的统治之外，有一个由语言、文化、宗教、历史和土地定义的更大的政治共同体。第三种观念是“主权国”，即承认所有政权——无论是君主政体、贵族的政权还是民主政权——所有政权都被给予一定的权力，并且可以做行之有效的事情来进行治理。

这些政治思想的普及和普通男性（有些情况下也会有女性）更多地参与公共事务同时发生。就下议院的规模和重要性而言，这是正确的。1547 年，由民众选出的议员数量达到 343 名。到了 1601 年，这一数字变成了 462。

但是在很多方面，公共生活真正的扩张是发生在地方公职领域。由于地方大多只有一个很小的政府常设机构，近代早期的国家很大程度上依赖于不领薪水的房主自愿地为政府工作。在英格兰的农村和城市，这意味着志愿治安官不仅数量激增（莎士比亚的父亲曾经在斯特拉福德担任此职），而且这些志愿治安官在伊丽莎白时代和雅各布时代的国家中扮演着重要角色，他们要监督议会通过的“成堆的法规”。

但是，若要真正地发挥作用，国家得依赖于地位更低的户主成为教区的任职者，并使他们在其社区中行使权力——作为警察、陪审员、自卫队员和穷人的监督员等身份来行使权力。事实上，莎士比亚时期的英国，大家的参与性如此强，当时社区的权力也是如此根深蒂固，以至于历史学家常常称这段时期为“君主制共和国”时期。

◀一幅 17 世纪的蚀刻画展示了伊丽莎白女王一世在议会中的场景。在莎士比亚时代公众对政府事务的参与度有所增加。

老亨德里克·范·斯蒂威克（Hendrick van Steenwijck）所绘画作《市场观察》，描绘了大约 17 世纪初低地国家（又称“低地诸国”，是对欧洲西北沿海地区的称呼，指荷兰、比利时、卢森堡三个国家。因为地理学家们在有关欧洲的地理著作中，常把比利时、荷兰放在一起叙述。而比利时、荷兰濒临北海和英吉利海峡，同卢森堡以及北部的部分地区称为“尼德兰”，即“低地”，所以 1830 年比利时脱离荷兰独立后，人们仍称比、荷为“低地国家”。英格兰把这一地区视作它的屏障，如果哪个国家入侵这一地区，那么它将直接威胁到英吉利海峡的安全。——译者注）的商人。

贸易和旅行

莎士比亚在世的时候，英格兰商业扩张的种子已被播下，而后英格兰一步步从一个经济落后的国家演变为全球贸易强国。

诗人和艺术家们把伊丽莎白一世比作古典女神。詹姆斯六世及一世自称是苏格兰、威尔士、爱尔兰的“帝王”，不过，如此自负的称号甚至都不能涵盖当时的英格兰在广阔世界上的地位。

莎士比亚一生中的大部分时间内，英格兰都只是一个小而不起眼的岛屿，经济能力有限，在欧洲各个国家的山呼海啸中扮演着一个小角色。历史上欧洲的经济强国是意大利、高度城市化的低地国家（荷兰、比利时、卢森堡）、神圣罗马帝国和伊比利亚帝国，这些国家是 16 世纪基督教世界大制造商、商人、金融业从业者、帝国主义者和殖民者的家园。

英格兰人不擅长生产制造，也不特别以商业闻名。他们对基督教世界以外的国家（中东、印度、斯拉夫半岛或者东南亚）的人民的认知有限，他们只对西班牙和葡萄牙的财富感到惊奇。他们生产的都是大量的原材料，比如羊毛、锡和煤。

莎士比亚时期的英格兰可能在经济上并不起眼，但是它在不断发展。最明显的是人口增长迅速。在莎士比亚诞生四年之前的 1560 年，估计有 320 万人居住在英格兰。到了 1600 年，这个数字是 410 万，到 1650 年达到 530 万，这是前所未有的增长速度。伦敦的增长更为惊人，这个大都市的人口从 1500 年的约 55000 人增加到了 1600 年的 20 多万人。

这种增长主要是由移民推动的。新移民来自不列颠岛和爱尔兰群岛，人们和莎士比亚一样搬到伦敦找工作。据估计，有六分之一的英格兰人曾经在一生中的某一阶段在伦敦度过。但是许多人也来自其他国家，有成百上千的人以新教难民的形式来到英国，而后定居在伦敦及较大的省会城市。他们中的许多人精通当地经济中所缺的手工艺和贸易。

人口的涌入和城市化的发展，加上修道院解散之后财富的大规模再分配，对英格兰经济产生了催化作用。一系列的趋势和发展累积而成的结果，导致了商业化社会的出现。其现象包括租金的上涨、高通货膨胀和长期通货膨胀、引进资本主义农业和制造业、新的经济投资和“项目”（尤其是新的商业剧院）、重组手工艺协会系统，以及系统性地扩大信贷。

英格兰商人开始寻找传统贸易之外的路子，去寻找新的商品及市场。1555 年，莫斯科公司成立；1581 年，利凡特公司成立，想挑战意大利与奥斯曼帝国的贸易；19 年之后，东印度公司成立；1606 年，弗吉尼亚公司成立，目标明确地准备在北美建立殖民地。

莎士比亚在有生之年没有看到这些雄心勃勃的方案的成果。17 世纪上半叶，荷兰人主导着全球商业，他们的贸易公司却为英格兰商人打开了大西洋和亚洲世界的大门，并确保了伦敦不仅成为一个市场经济国家的人口中心，而且成为全球化的商业帝国。

一幅詹姆斯六世及一世的肖像，刻在弗吉尼亚公司的印章上。这家公司成立的目的是建立北美殖民地。

一扇彩色玻璃窗显示一位16世纪的木匠在工作。到了莎士比亚时代，商人可以利用新的经济机会来改善他们的地位。

社会、阶级和工作

与土地、财富和社会等级有关的分割和分类，在莎士比亚的一生中发生了变化。

近代早期英格兰经济的变化影响了社会等级制度和社会关系。英格兰社会是由不平等的阶层和人与人之间的差别所定义的，莎士比亚在成长的过程中学到，人是按照两个基本原则来划分的。

第一个原则着眼于社会地位和阶级：一个人所属的家庭类型、职业、他们的社会角色和社会职责，以及家庭的财富。16 世纪之前，社会分类的主要模式是根据“不动产”，人们生来就是为了工作、祈祷或是争斗，并且根据他们的不动产情况承担相应的义务和责任。

第二个原则更为微妙一些，是着眼于“头衔”。这呈现了一个更为复杂的社会等级制度，从底层的无产劳工，到上层的有产大亨，介于两者之间的是农夫、自耕农、工匠、乡绅、富绅，等等。

莎士比亚时代流行的、与市场经济的出现密切相关的第三种用来描述社会的语言是“种类”：“较低等的”、“较贫穷的”或者“较卑劣的”，这些人因为经济变化而处于不利地位，或者被抛到后面；“中等类别”是富裕的农民、工匠、商人和专业人士；“上层”或者“较为优质”的是绅士和贵族。

这种言论承认了莎士比亚一生中的三大社会变化：一个依赖工资和救济的“劳动穷人”阶层的出现（1601 年的《济贫法》将其制度化）；能够利用经济机会，或者至少能在经济机会中生存下来的农村和城市业主，他们形成了社会的中间阶层；还有就是大量的绅士阶层的崛起，他们之中不仅包括富有的土地所有者，也包括最富有的商人和专业人士。莎士比亚的职业生涯就是这些变化的体现。他是一个向上流变化着的商人的儿子，这位商人能够让儿子接受文法学校的教育，随后莎士比亚在伦敦的商业剧院的新世界中发了财。

莎士比亚在这方面的一个巨大的优势就是他是一个男人，因为划分人群的第二个基本原则就是他们的性别和年龄，或者是当时那个时代的人都知道的“父权制”，也就是“父亲们统治一切”。父权制使巨大的、非常普遍的劳动分工方面的差异制度化。一方面是在女性和年轻人这一面，他们的工作和能力应该限于家庭和“私人”领域。而另一方面，担负着工作和在“外面”的世界做事的成年男子担任着“公共”事务的角色，做着“公共”范围内的工作。为了充分发挥这些私人和公共角色的特点，人们期望男性和女性培养出对比鲜明的角色和相应的特质，从现代人的眼光来看，这些都让女性处于弱势地位。比如说，女性被认为应该是辅助性的、凭借直觉行事的、被动的；而男性则应该是理性的、充满智慧的和适合做管理工作的。

尽管在莎士比亚的一生中，社会的阶层差别和等级制度非常鲜明，但父权制更加僵化和无情：在家庭之外，女性通常被视为男性的下属。但是这也是有限定性条件的。首先，因为绝大部分的日常生活都是以家庭为中心的——无论是疗愈身心还是经济活动——女性在家庭中占据重要的角色和权威的地位可能会相当普遍。其次，父权制理论不一定支配日常实践和现实中的关系。最后，这些理想化的对男性和女性的期待很可能是不清晰何时有意外发生的：当然，莎士比亚笔下的人物角色中，在公共和私人领域中，最足智多谋、最具备统治力的人物中，有一些是女性。

国家文化和共同体

“英国人”作为一个连贯的民族，是随着法律和教育的传播开来而不断演变的。

政治、信仰、社会、贸易这些主题，以及它们在中世纪发展的方式，对于创造什么样的英国，和英国作为一个由英国新教、金融贸易、伦敦市场经济和“各种”语言塑造和改变的独特的国家共同体，是非常重要的。

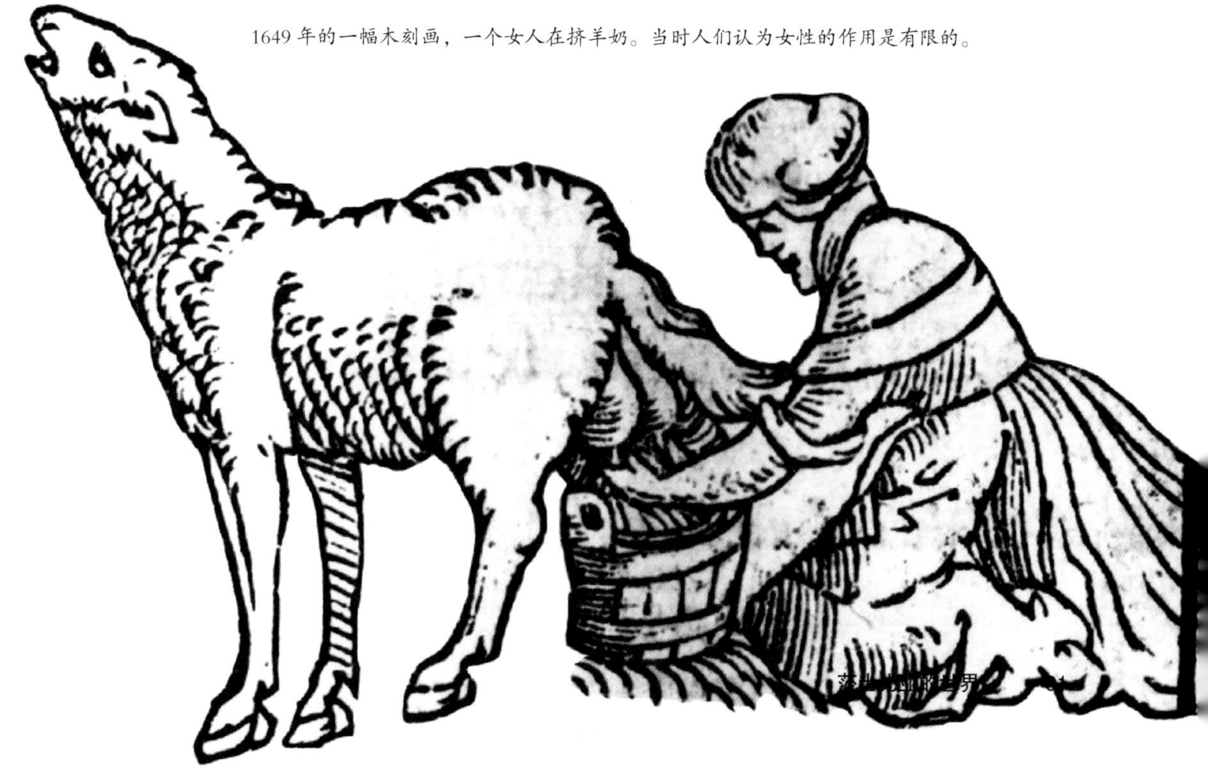

1649 年的一幅木刻画，一个女人在挤羊奶。当时人们认为女性的作用是有限的。

两位伊丽莎白时代的法官。莎士比亚时代的人非常爱打官司。

这个共同体还没有包括天主教徒和“穷人”，显然他们是处于边缘地位的，女性也很难参与当地或者全国的公共生活（近代英国妇女的地位非常低，不管是受教育还是拥有权力都会被谴责。近代早期的英国妇女，主要分为两类，一类是普通妇女，另一类则是贵族妇女。从某些角度看，这两类妇女的待遇是非常不同的，普通妇女只局限于女性的身份内，而贵族妇女则因为所处的社会阶层较高，拥有了更多的可能。——译者注）。但事实上，“国家”一词的含义在莎士比亚的一生中发生了变化，从描述“国家”到描述“民族”，这见证了变化的历程。

另外两个趋势是国家文化形成的一个组成部分。首先是英国的法律。法律有了巨大的发展，就人数来说，大量的人受过英国普通法和民法的训练。但是地方和中央法院，民众诉讼和其他诉讼也出现了惊人的增长。

这些趋势在莎士比亚生前达到了顶峰。1606 年，估计每 10 万人口中就有 1351 起诉讼在中央法院审理；1823—1827 年，这一数字为 653；到了 1975 年，这一数字为 560。换句话说，莎士比亚生前的英国是全世界最爱打官司的国家。各种各样的人都用法律来解决它们的社会、经济、道德和刑事纠纷，这种局面确保了仲裁文化和一支全国性的仲裁队伍的建立。

第二个趋势是一系列的发展，可以粗略地称之为文艺复兴时期的人文主义。在基本层面上，这是人们首先学习古希腊和古罗马人的文化并将其翻译成自己的语言，然后利用这些知识来改革和改善自己所处的社会的欲望。与欧洲其他地区相比，文艺复兴时期的人文主义传入英国的时间相对较晚，但是在传入英国之后，它的社会、文化和政治影响是相当大的。更重要的是，莎士比亚的同龄人是它的主要受益者，也是主要的支持者。

文艺复兴时期人文主义的一个特点是将教育作为社会工程的一种手段：向男子（在某些情况下是女性）提供那些不仅仅学习欧洲古典文化遗产，而且用他们自己的语言翻译和交流知识技能的机会。因此，毫不奇怪，莎士比亚所处的时代能够看到如今被称为“教育革命”的东西，即小学、文法学校和更多的教育扩张到了非常显著的地步。

第二个特点是对白话民族语言的颂扬和丰富：现代意大利语、法语和英语最终发展成为吸收了古典词汇和概念，并超越了拉丁语和希腊语的语言。莎士比亚作为最有成就的近代早期英国作家，当然也是不遗余力地借鉴古典故事的情节和人物形象。在这方面他非常典型——一个被文艺复兴的文化教育和按照文艺复兴的语言来要求的人，他凭借自己的技能和天赋，成为其中最伟大的代表人物。

本文作者菲尔·威辛顿是谢菲尔德大学的近代史教授。

发现更多

图书

▶《近代早期英国社会》
（菲尔·威辛顿著，政体出版社，2010年出版）

再次聆听

▶尼尔·麦克格瑞格在BBC4的《莎士比亚的动荡世界》中考察了一些与莎士比亚和他的时代相关的东西。
网址：bbc.co.uk/programmes/b017gm45

莎士比亚的伦敦生活

费舍尔全景的着色版本。这幅由荷兰画手克莱斯·詹松·费舍尔（Claes Janszoon Visscher，1587–1652，是荷兰制图黄金时代的一名制图师和出版商，生于阿姆斯特丹、死于阿姆斯特丹。他从父亲那里学会了雕版、制图、印刷，并将家族发展成为那个时代最大的地图制作与出版商之一。——译者注）于1616年制作的内容翔实的版画，描绘了伦敦约1600年前后的样貌，此时正是莎士比亚职业生涯里的巅峰。

截至1592年，莎士比亚作为一个生活在伦敦的成功演员和作家，其地位已经确立。他把家人留在埃文河畔斯特拉福德，自己沉浸在首都伦敦的精彩生活和繁荣的戏剧世界中。

在下文中，斯蒂芬·波特（Stephen Porter）介绍了这个莎士比亚居住、工作和表演的城市：这个五彩斑斓、同时又混乱不堪的城市，以及生活在这个城市里的，莎士比亚为之创作的观众们。

圣保罗大教堂的尖顶被闪电击中，于 1561 年被摧毁。

莎士比亚自 1599 年起居住在河岸地区，那是一个以纵狗逗熊游戏、妓院和剧院闻名的地方。

从 1580 年到 1610 年，莎士比亚时代的伦敦是一个巨大且在不断发展的大都市，热闹而繁华。它并不是仅有一个部分，而是由三个不同的部分组成：伦敦城本身、威斯敏斯特和南华克。

伦敦是泰晤士河北岸的商业城市，它的港口非常繁忙。上游是威斯敏斯特——这个国家的政治中心。它包括主要的皇家宫殿、法庭和议会的会议场所，具备政府和法院的所有职能。在泰晤士河的南岸，南华克比一些省会城市还要大。从 1556 年开始，南华克就成为伦敦市的第 26 区，直接由伦敦市管理。

泰晤士河北侧的临河面从沃平的郊区延伸，经过令人印象深刻的塔楼要塞，再到伦敦桥。在那之后是寺庙，然后是一排排贵族府邸，一直延伸到白厅和威斯敏斯特大教堂。拥挤的河畔码头之后是市中心，它的天际线由 120 多座教堂和圣保罗大教堂的塔楼和尖塔所点缀，璀璨夺目。

伦敦的人口从 1560 年前后的 16 万，增长到 16 世纪末的 20 万，这一时期，整个英格兰的人口已达到近 400 万了。到了 1625 年，尽管发生了几次流行性的传染病，伦敦的人口依然进一步增长达到了 26 万。其中的一场流行病由 1592 年一直持续到了 1594 年初，造成了约 13% 的伦敦人口死亡。而 1603 年的一场更为严重的流行病，导致了约 20% 的人口死亡，不过在此之后仅用了两年时间，伦敦的人口就恢复到了流行病暴发之前的水平。

和为了促进事业发展来到伦敦的莎士比亚一样，大批来自英格兰和威尔士各地的人，再加上一些来自国外的人，纷纷被伦敦蓬勃发展的经济势头吸引。因此，这座城市的发展不会被死亡率（即使在没有流行病暴发的年份，这里的死亡率也很高）或 1580 年出台的禁止新建的政策所遏制住。为了防止过度拥挤，这项政策还明确规定每套房子只能由一个家庭居住，不允许有寄宿者。不过这些政策是不可能被严格执行的，事实上，莎士比亚本人就曾是个寄宿者。

行会的人

一个典型的“组织”一般会由这样“一家人”组成：学徒、雇员和被领导和约束的“家仆”，他们中的许多人是这座城市的 60 多家制服公司中的一员，是这座城市的自由人。每一个选区都会有一位代表获得参议员的席位，他们作为做决策者而存在。市长人选也是每年从市议员中选出来的。

这座城市被严格地管理着，行业协会控制着每一个行业的准入门槛，并保证着产品的质量。他们还采取行动保护会员的利益，并试图阻止那些从事新的行业、试图建立起自己的行业协会的从业者，这反映了城市的日益多样化的经济业态。

一个学徒要跟随一个师傅 7 年或者更久，当他完成学徒生涯的时候差不多二十出头。1600 年，伦敦市大概有 15000 名学徒，比 1560 年增长了三分之二，其中约有 80%

是来自首都之外的地方。家仆也主要是来自其他省份。此外，还有 12000 名熟练工，他们已经是合格的工人了，不再做工资日结的学徒工作。

这座城市太拥挤了，身为德国来的符腾堡公爵秘书的雅各布·拉特格布发现，“由于人群拥挤，人们几乎不能通过大街”。1606 年，剧作家托马斯·德克尔开玩笑地写道：“男人、女人和孩子像鱼群里的鱼在每一个角落相遇，柱子的设置都是为了加固房屋的，以免大家拥挤不堪，把房屋挤塌。”

1586 年颁布的交通法令试图解决一些问题，因为“泰晤士大街和其他狭窄的道路，以及这个城市里的一些狭小的地方，都被排成长龙的推车阻碍了，平板马车和手推车出于方向相悖的原因卡在一起，或是由于各种各样的原因堵在了一起”。推车们太固执了，不肯让步。在繁忙的路上停放的手推车造成了交通阻塞，而这些手推车等着被雇用，因为“人们无法通过，除非甘愿冒踩到绊脚石和受伤的危险。”有的推车运送粪便和垃圾，有的从码头运煤、木材和粮食，四轮马车从全国各地运来了大量的商品。街道狭窄只是问题的一部分。1600 年从莫拉维亚抵达伦敦的沃尔德斯坦男爵评论说，他们中的大多数“相当阴暗和狭窄”。高层建筑使它们更加昏暗。一个工匠的房子通常有两个房间那么深，有三到四层楼高，一层有商店和工作室，第二层是客厅和厨房，三楼是卧室，上面还有阁楼和储藏室。

喧嚣的商店

伦敦似乎到处都塞满了商店，而且种类繁多。威尼斯的牧师奥拉齐奥·布西诺写道：“除了一些宫殿之外，城市的街道上所有的房子都是各行各业的匠人的商店，每家的店铺都有自己的招牌或者标记，就像一家家小酒馆。”曾经在欧洲和地中海旅行过的费恩斯·莫瑞森形容伦敦的房屋“房屋前面朝向街道的那部分非常狭窄，但是却有五层或者六层那么高，通常是用木材、黏土和石膏建造而成的”。

他还认为街道的临街面并不吸引人，因为“市议员和那些地位非凡的市民的房子……不喜欢对外炫耀”。这些房子都面向庭院而建，庭院由马厩、仓库和账房构成，而在临街的一面只是一排商店或房屋的背面。这些建筑将宏伟的房子与街道隔开，“因此，事实上，伦敦的精彩的建筑都是隐藏着的，初到伦敦的陌生人乍看之下是看不到的”。砖砌的外墙相对而言比较少见，所有的建筑都贴了瓷砖，茅草做的屋顶则更是早就不存在了。

随着伦敦的快速发展，简陋的、劣质的房子被建造起来，为新来的人和那些收入比较低或者不稳定的人所用。其他建筑也逐渐分化，包括一些曾经很有声望的建筑，都被分割并占据。约翰·斯托，1525 年生于伦敦，他曾经强烈谴责过这种低劣的发展方式，尤其是在郊区，比如白教堂外面的“富足的小屋”和垃圾堆，以及在主教门大街外面的城市外围郊区的那些“不断建造的小而只有基础公用的廉价房”。

码头周边的交通特别拥挤，货物都是在码头卸货、装船。伦敦掌控着全国 80% 的

环球剧院建于 1599 年，是由莎士比亚的剧团使用他们的老剧场肖尔迪奇剧场的材料建造的。

伊丽莎白统治时期，在伦敦塔和伦敦桥之间修建了 20 个码头，跨度有 1419 英尺。

一幅来自 1600 年的版画，描绘了女性在伦敦各地闲聊的场景——在教堂里、在面包店里、在洗衣服的时候以及在市场里。女性逐渐受到尊重，男性出现的场合女性也可以出现，但正如这篇文章所显示的，厌恶女性的观点在当时仍然普遍存在。

CHVRCH

海外贸易。布匹是最重要的出口商品，布匹贸易为伦敦市提供了大量的就业机会。布料的市场主要在北欧，从法国到斯堪的纳维亚半岛和波罗的海，伦敦的商人与沿海大大小小的港口进行贸易。他们还忙着在东地中海、摩洛哥、东印度群岛和弗吉尼亚开拓市场。1604 年与西班牙的战争结束之后［英西战争（1585—1604 年）指西班牙帝国与大英帝国之间未经正式宣战的间歇性冲突。该战争由多场大范围战役组成，起于 1585 年英格兰与荷兰签订楠萨奇条约，拥护荷兰抵抗西班牙帝国的统治。1604 年由腓力三世与新任英格兰国王詹姆斯一世代表签订《伦敦条约》后画下句点。英西协议分别停止对爱尔兰与尼德兰的军事介入，且英方放弃在公海上的劫掠行为。缔约两方皆有达成部分目标，战后西班牙重获欧洲西部海域优势。条约整体有利于西班牙。但整个战争过程对两国财政都造成了相当程度的负担，英格兰则由此进入 40 年的萎靡期。——译者注］，英格兰与伊比利亚的贸易也恢复了。

随着商人们的贸易越来越广泛，进口的范围也在稳步扩大，包括胡椒、醋栗、香料、丝绸、棉花、靛蓝、印花布、染料和糖。烟草从 1560 年代开始从西印度群岛和佛罗里达州进入欧洲。伦敦的沿海贸易供应煤炭和木材、谷物、黄油、奶酪、啤酒花和各种各样的鱼，以及各种各样的商品，其中一些又被转运。从 16 世纪开始，伦敦的市场出售的水果和蔬菜大多来自近期在哈克尼、切尔西、富勒姆和肯辛顿建立的花园集市。到 16 世纪初为止，伦敦供应的蔬菜包括豌豆、豆荚、卷心菜、萝卜、洋蓟、胡萝卜、防风菜、小萝卜和洋葱等众多品种。到了 1617 年，花园集市的人员

雇用了“成千上万的穷人、妇女和儿童出售商品、除草、采集石头等”。这些市场和物价受到市长办公室的工作人员的严格监管，但是越来越多的零售商在市场外面销售，比如卖鱼的、卖家禽的、卖水果和奶酪的。奥拉齐奥·布西诺注意到“糕点没完没了地在做着，有无数种馅饼，尤其是兔子造型的糕点，每家店都有几百个，而且都有顾客在买。”

伦敦市民的衣着也给游客们留下了深刻的印象，尤其是女性的衣着。雅各布·拉特格布向我们传达了住在伦敦的人对服装的重视，他点评道：他们“穿着极为紧身的衣服出门，把所有的注意力都放在他们领子的飞边和衣服面料上。确实是到了这样的地步，据我所知，许多人毫不犹豫地在大街上穿着天鹅绒，可在家的时候，或许他们连一片干面包都没有。人们都是这样的”。

1585年，塞缪尔·基切尔说：“他们穿着华丽的衣服，许多人穿着三件衣服，有礼服或是衬裙，一件套着另一件地穿。”安特卫普的商人伊曼纽尔·范·梅特伦认为，他们衣着的另一个特点是“他们的着装喜好很轻易就会改变，而且每年都会改变，令许多人觉得惊讶”。伦敦市民讲究衣着的做法和时常更换自己的着装的行为为面料供应商和制衣制帽商提供了大量的业务。

妇女在宴会和其他活动中很受尊重。拉特格布认为，英格兰女性“可能比其他任何地方都有更多的自由”。每年秋天，新的市长大人的就职典礼是市民日历上的重要时刻，也是一个展览和庆祝的机会。1585年。卢波尔德·冯·韦德尔看到了“一大群人聚在一起，其中不仅有男人，还有女人，因为英格兰的女人希望自己无所不能”。

当奥拉齐奥·布西诺参观一家游乐场时，男女之间的交融也让他大吃一惊。“许多非常尊贵、英气勃勃的女士非常自由地来到这里，毫不迟疑地坐在男人中间。”他写道。但是范·梅特伦称，婚前的年轻女性被要求得“比荷兰要严格得多”。

玩乐伦敦

游乐场吸引了来自社会各个层面的男男女女，在河岸边有两个竞技场在上演斗熊和斗牛。伦敦人也喜欢一连串的非正式娱乐活动：他们可能会观看街头艺人和街头艺人们展示的非凡和奇异的东西，或去伦敦塔的动物园看来自异国的动物，或者去斗技场观赏斗鸡。他们欢乐的闲暇时间被音乐和舞蹈点缀得生机勃勃；民谣小调大量流传，贴在救济所的墙上，鼓励人们共同唱那些有时候会显得有些淫秽的歌曲。但是唱小夜曲有时也会让人讨厌。1606年，有公司禁止在“任何贵族、骑士或者绅士的窗口”或在“任何贵族、骑士或者绅士的窗口下面”演奏乐器。在伊丽莎白时代的伦敦，有

➤1577年的一幅德国插画描绘了那个时代的各种英格兰服装。一位游客评论说：“（伦敦人）把所有注意力都放在了他们的领口飞边和服装面料上。”

伦敦“流氓”的伎俩就是尼古拉斯·布朗特经常使用的那种，如同这幅木刻画里所显示的那样，将自己全身涂满猪血之后乞讨。

超过一百人自称是“吟游诗人”。（从字面上来看，吟游二字所代表的就是游走在世界各地中，吟唱，唱诵诗歌或是自己本身的创作，将自己想要表达的一种处世观，或是对某件人事物甚至是对这个世界的感想感叹，用比较轻松而且人们较易接受的方式——歌唱来传递。吟游诗人是中世纪的特产。他们本身大多是天才和人才，他们可能来自高贵而富有的家庭，也可能来自低贱而穷苦的家庭。他们凭着自己的智慧，编创了许多新奇的故事成为这一时代文化的标志。——译者注）

射箭和摔跤很受欢迎。根据布西诺的说法，“他们几乎一年四季都在伦敦附近的射箭场聚在一起射箭”，而且他们“经常在可容纳两三千名好奇的观众的大厅里摔跤”。年轻人用投球和踢球来娱乐，“以高超的技艺灵巧地把球投到一个非常远的距离……小伙子们把球扔到街上，瞄准一个目标，按照一定的规则来玩，女人们时常也会和他们一起玩。他们也时常在节日时找点乐子。其他小伙子则更为精力充沛，他们用木剑和匕首搏斗，互不相让”。

足球运动是“在伦敦的街道上和巷子里”进行的。敲钟也很受欢迎，与足球相比，敲钟是一项被认可的活动，“是人们健康的标志”。1602 年，波美拉尼亚的什切青的公爵，菲利普·朱利叶斯被告知：“年轻人这么做是为了锻炼和娱乐。”那时，教区之间争相发出一阵阵“和谐的钟声”。

巴托尔梅市集［当时的伦敦由于大雾弥漫，信奉新教，无法举办狂欢节，因此需要为居民提供其他商业活动，满足他们对身体愉悦和节日狂欢的需求。巴托尔梅（Bartholmew）市集为伦敦人提供了一个机会，让他们可以在市集的货摊、摊位、气味和噪声中度过几天。——译者注］是一个非常受欢迎的活动，在史密斯菲尔德举行，为期三天，围绕着圣巴托尔梅节（8 月 24 日）举办。它把一般的娱乐节目和贸易结合在一起，特别是牲畜交易，当然布匹、皮革、白蜡、黄油和奶酪的交易也很频繁。它的吸引力在于包括了木偶演员、魔术演员、戏剧演员、民谣演员、摔跤手、走钢丝的杂技演员、食客、杂耍和吃喝摊位。但是与此同时，这里也有欺诈、轻微的犯罪事件和不道德行为。同样，还有许多酒馆、保龄球馆和游戏馆，它们都是令治安官头疼的场所。

到 1616 年莎士比亚去世时，伦敦已经是比他刚刚抵达时大得多、富有得多的一个大都市了。不可避免会有一些不守规矩的行为，有纠纷、犯罪行为和欺诈，但是这里整体上是稳定的，伦敦人从该市的经济成功和进入港口的商品种类的扩张中获益。伦敦人很慈善，为孤儿、穷人和老人提供帮助，并建立学校和救济院。这样一个快速发展的大城市所面临的挑战是巨大的，但是到最后都得到了满意的结局。

他们对伦敦的评价……

“某种程度上，人们不觉得伦敦在英国，而觉得英国就在伦敦。”

瑞士旅行家托马斯·普拉特在1599年的一篇日记中这样写道。

“‘某一些餐饮场所’被安置在同盟那里，安置在花园里，安置在其他可以远离治安官散步经过的那些隐蔽的角落里。出入这些场所的人，是男佣，贫穷的偷工减料者，帮凶，吝啬鬼，放荡的仆人，既有侍者，也有学徒。”

乔治·惠茨通，《时代的试金石》，1584年

“在这个人口众多的城市里的大部分人（或者可以说是所有人）……他们整日不停工作，就像是忙碌的蜜蜂，在这个联邦的蜂巢中忙碌着。”

詹姆斯·道尔顿，《伦敦金融城的道歉》，约1580年

“居民们穿着华丽的衣服，非常骄傲和自负……他们不在意外国人的看法，并讥讽和笑话他们。”

摘自符腾堡公爵的秘书雅各布·拉特格布1592年的日记

“来伦敦吧，来折磨伦敦，来折磨这个充满危险、虚荣和罪恶的地方。”

摘自约翰·汤恩1607年的一封信

“（伦敦桥）上面建着漂亮的房子，每天都摆满了商品，看起来非常华丽。”

摘自卢波尔德·冯·韦德尔1585年的旅行日记

“伦敦有无数个慈善机构和医院。”

摘自法国大使安德烈·胡罗特·休斯·德·梅斯 1597 年的一篇日记

“他们一般不在桌子上摆放水果，但在两餐之间，人们看到男人、女人和孩子总是像一群山羊一样在大街上大吃大嚼，当然更多是在公共娱乐场所如此。”

摘自威尼斯牧师奥拉齐奥·布西诺 1618 年的来信

“各个郡的绅士们都成群结队、急不可待地来到这座城市，年轻的绅士们是为了观光和满足虚荣心，年长的绅士们则是为了节省招待费和家庭开支。”

摘自约翰·斯托写于大约 1580 年到 1598 年的小册子

“（伦敦）到处都是商店和仓库，这里拥有一切可以让人感到舒适和方便的东西。”

摘自威尼斯外交官尼科尔·莫林 1607 年的报告

“一种又软又臭的泥……这里四季都有这种泥巴，所以这个地方更应该被叫作罗达（污秽）而不是隆德拉（伦敦）。”

摘自威尼斯牧师奥拉齐奥·布西诺 1617 年的来信

“众所周知，现在在伦敦有一些身家 10 万英镑的商人，那些达不到或者不接近 5 万英镑的都算不上富有。”

摘自托马斯·威尔逊《英国》，安诺·多姆出版，1600 年

这是一幅 1636 年的木刻画，描绘了一场瘟疫的暴发。在画中，死神挥舞着长矛和沙漏。这是 1348 年到 1349 年毁灭性的黑死病大流行和 1665 年大瘟疫期间，袭击伦敦的众多流行病之一。

“一个强盛的商业城市”

伦敦是欧洲最大、最多样化的城市之一

莎士比亚时代的伦敦是一个熙熙攘攘、人山人海、发展迅速的大都市，是迄今为止不列颠群岛最大、最富有的城市，也是欧洲最大的城市之一。它是政府办公、法律和教会的中心，也是政治和文化的中心。伦敦是一个国际性的强盛的大都市，是一个繁荣的商业城市，它拥有强大的并且一直不断发展的经济实力，包括一系列制造业和服务业、许许多多的专业人员、一批熟练和半熟练工人，以及为朝臣和富有的市民进行的有利可图的奢侈品贸易。

随着人口的增长，伦敦出现了过度拥挤、劣质建筑和高死亡率等问题，人口的高死亡率在周期性的传染性流行病暴发期间达到了令人震惊的程度。然而，伦敦依旧吸引了源源不断的人，他们被吸纳到伦敦多样化的团体和经济结构中。来自德国的符腾堡的雅各布·拉特格布在 1592 年将它描述成“一座巨大、卓越、强盛的商业城市，是整个王国中最重要的城市”。但是为伦敦作一个总结也很困难。牧师托马斯·亚当斯在 1612 年写道：“从一个角度来看，你看到的是一个美丽的少女；从另一个角度来看，则是一个畸形的怪兽。”

本文作者斯蒂芬·波特是一位城市历史学家，曾做过伦敦项目的专业调查工作。

发现更多

图书

▶《莎士比亚的伦敦：1580—1616年间伦敦的日常生活》
（斯蒂芬·波特著，安伯利出版社，2011年出版）

在剧院

莎士比亚的写作生涯恰逢英格兰戏剧的复兴时期，当时，在伦敦的某家新剧场里演出是最热门的事情。安德鲁·迪克森再现了17世纪初观看莎士比亚戏剧的经历。

一幅描绘环球剧院原址的现代画。环球剧院于 1599 年建于泰晤士河南岸。

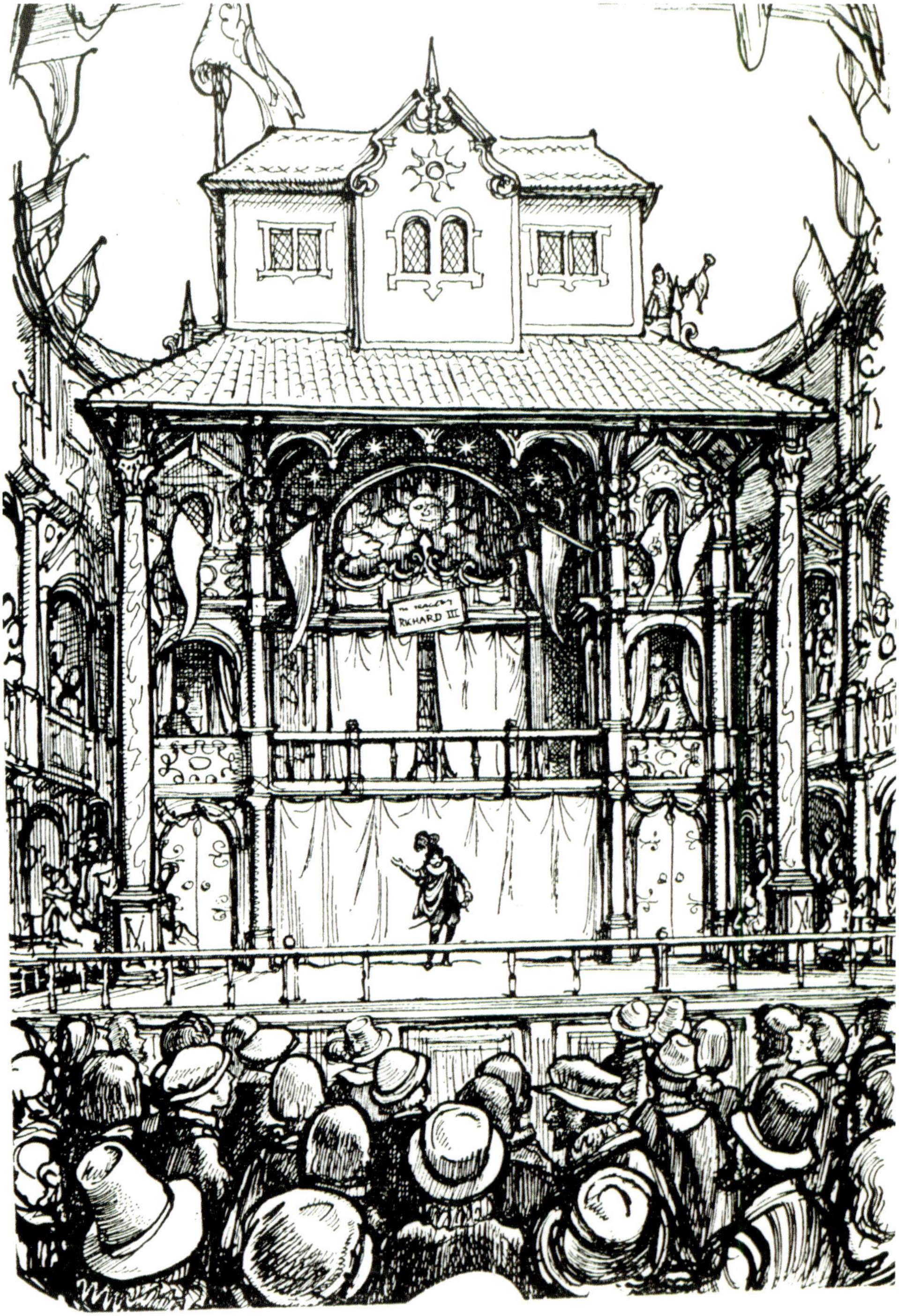

1948 年的一幅版画，展示了《理查三世》在环球剧院演出的盛况。安德鲁·迪克森（Andrew Dickson）说："到了莎士比亚时代，伊丽莎白时代的露天圆形剧场已经演变成了使观众敬畏和受到鼓舞的机器。"

1599 年 9 月，来自瑞士巴塞尔的医生托马斯·普拉特在伦敦观光旅游。和无数游客一样，他决心要看到英格兰这座举世闻名的首都的壮丽景象。他参观了一个斗鸡场，目睹了一场“公鸡之间的愤怒决斗”，礼貌地听主人解释了喂这些鸡喝白兰地是很正常的事情。

随后，他参观了一位名叫科普的曾经在印度生活过的收藏家的房子，科普先生“带我们走进了一个房间，房间的每个角落都塞满了奇怪的外国物品”，其中包括“一件散发着非洲魅力的象牙制品”。（普拉特仔细地列出了他看到的每一件物品。）后来，他去了几家酒馆，惊奇地记录下伦敦妇女喝酒的情况，她们不仅在公共场合喝酒，而且“觉得被带到那里是一种莫大的荣幸”。

不过，普拉特有一个真正的爱好：戏剧。根据他本人的日记记载，9 月 21 日，午餐后，他和他的朋友登上了一艘船，穿过泰晤士河南岸，“在茅草屋顶的房子里，（我们）目睹了一场精彩绝伦的表演，是关于罗马第一位皇帝朱利叶斯·恺撒的悲剧”。剧组由 15 人组成，普拉特写道：“演出结束之后，他们跳了非常出色和优雅的舞蹈。”

这座茅草屋顶的剧院可不是一家普通的剧院，它的名字叫环球剧院，普拉特去的时候刚开始营业不久。关于朱利叶斯·恺撒的戏剧可不算平常的戏剧，那是威廉·莎士比亚的作品。

文艺复兴时期的人们

托马斯·普拉特参观伊丽莎白戏剧的那个年代，我们认为文艺复兴时期的戏剧在一个惊人的极短时间内出现了，也许 20 年，比我们从开始研究到最后能访问网络的时间都要短。尽管它起源于中世纪，但是反映时代特征的剧本的创作基本上是一种现代形式，在 16 世纪 70 年代和 16 世纪 80 年代，受到高等教育的、雄心勃勃的年轻作家如约翰·黎里、罗伯特·格林、托马斯·洛奇和克里斯托弗·马洛等，他们都从大学毕业，都在伦敦为大众舞台写作。这是一个熙熙攘攘、混乱不堪、竞争激烈的环境，剧院经理们在争夺最杰出的戏剧人才，大众对从意大利喜剧到血淋淋的悲剧等各种戏剧都求之若渴。

尽管莎士比亚是如何来到伦敦的这个问题是他职业生涯中的最大谜团之一——有可能他以演员的身份加入了一个巡回剧团，然后以自由职业的编辑身份和能更新旧剧本的能力出师——到了 16 世纪 80 年代末，看起来他也是在一群怀揣梦想的人中间，努力地让自己活下去。

他投身的这个行业并不是一条坦途。掌权者对于演出的审查制度非常严格，会用法律强制执行；保守的市政官员们对戏剧的看法一直不明朗，又有许多清教徒和讨厌戏剧的传教士们支持他们。隔几年就卷土重来的流行性传染病的阴霾遮蔽着整个伦敦，给人们造成的心理阴影无处不在。公共集会被认为会促进传染，每当因瘟疫死亡的人数激增时，当局都会争相取缔剧院演出。

尽管有这些不利的条件，戏剧还是生存下来了，不仅生存下来，而且得到了蓬勃发展。在16世纪90年代，它是伦敦最受欢迎的消遣方式。一位叫约翰·布莱恩（John Brayne）的商人在1567年建造了这座城市第一个专门的剧院，就是白教堂区的红狮子剧院，他因此被人们记住，只是现在人们并不知道这座剧院存在了多久。

布莱恩的商业伙伴，詹姆斯·波贝奇（James Burbage），他是一个木工工匠，他建造了一座存在得更久的建筑，这座剧院于1576年在肖尔迪奇开业，一年后落幕。十年后，当企业家菲利普·亨斯罗（Philip Henslowe）在泰晤士河对岸的南华克开设玫瑰剧院时，这些在城市管辖范围之外的“自由”竞争日益激烈，它们为了争夺伦敦顶级娱乐区的称号，用妓院、酒馆、鱼池、廉价旅馆和斗熊馆来吸引玩乐的人，当然，必不可少的还有戏剧。

戏剧性的决斗

1592—1593年流行性传染病暴发，伦敦剧院的关闭令被解除了之后，南北之间的竞争变成了两个主要剧团之间的竞争：爱德华·艾伦（Edward Alleyn）的海军大臣剧团，以玫瑰剧院为主要的演出场所；而宫内大臣剧团，建于1594年，以詹姆斯·伯比奇（James Burbage）做演员的儿子理查德管理的肖尔迪奇剧院为主要演出场所。两家剧团上演的频率都很高：在一个赛季里，海军大臣剧团连续演出了49周，每周上演6天，共上演了近40部戏剧——相当于莎士比亚一生的创作量——其中大约有一半都是新作。1593年，艾伦的剧团遭受了致命打击，与艾伦的剧团关系最密切的剧作家克里斯托弗·马洛（Christopher Marlowe）在德普特福德被刺死。所以有一段时间，看起来是和莎士比亚建立了密切关系的宫内大臣剧团占了上风。

但是到了1597年，宫内大臣剧团的房东声称不再续租给他们场地了，看起来，莎士比亚他们剧团似乎要走到头了。这场房东和剧团的拉锯战进行了将近两年，直到宫内大臣剧团决定迁到另一处，然后离开。其中的双方为了达成目标各展所能的精彩程度完全可以和剧团上演的任何一出戏剧相比。1598年12月下旬，十几名武装人员聚集在雪地里，看着一队建筑工人开始拆除剧院。他们尽可能多地打捞木材，把它们运过泰晤士河，送到岸边，在那里，这些包裹悄悄地被堆放在玫瑰剧院旁边一个拐角处。这家新剧院——事实上，一点也不算新，它是用廉价的废旧材料建造的，他们把它命名为“环球剧院”。九个月后，托马斯·普拉特坐在这里观看了《恺撒大帝》。

戏剧体验

9月的那个下午，当戏剧爱好者普拉特走进剧院时，他经历了什么？

对任何一个曾经站在重建的环球剧院里面的人来说，都会对这种形状像甜甜圈一样的剧院感到亲切：一个向着天空开放的圆形院子，四周排列着一排排座位，中间一个突出的舞台。虽然环球剧院是大部分英格兰戏剧所选择的首演场地，但是到了莎士比亚时代，伊丽莎白时代的露天圆形剧场已经演变成了更受观众敬畏和喜爱的场所。

舞台本身被板子支撑着（舞台的幕墙），很可能有三扇门——两个小的朝向左边，一个朝向右边的作为进出口，一扇较大的门在中心位置朝着一个“隐蔽空间”打开，空间里面能放一张床或者其他比较大的支撑用的柱子。在这座房子后面是化妆间（演员们来此装扮），里面有许多屋子，演员们可以在里面换装，表演用的服装很可能就存放在这里。

在舞台的上方是天棚，就是俗话说的“天”，上面有大量的绘画，由两根巨大的柱子支撑着。这原本是为了保护演员和他们昂贵的服装不受雨淋，但这也让演员可以“降落”在椅子上。戏剧演员们也可以出现在位于中心位置门的正上方的高空——《罗密欧与朱丽叶》里阳台上的那一幕就是莎士比亚对此道具最著名的运用。

观众们在售票处付钱，售票处（box office）的名字来源于保存钱的陶制的盒子（boxes），它们有一些碎片已经被考古学家找到。只要一便士，你就能站在拥挤的院子里走马观花地观看一部戏剧；而楼上所谓的主人房的票要比院子里贵得多。可能有多达3000人同时挤在露天剧场里观看表演，他们来自各个阶层，学徒工和仆人与中产阶级市民和绅士们（至少在入场途中）摩肩接踵。

观众大多是男性，尤其是站在院子里的那群观众，尽管这里也有许多娼妓，不过这里小偷也很多。这里提供的食物包括苹果、橘子、榛子和姜饼，提供的饮料主要是大量的麦芽酒。莎士比亚的戏剧里描写了暴乱，这或许并不奇怪，毕竟观众本身就充满了喧闹和不安，这是伊丽莎白时代戏剧奇观中不可回避的一部分。

声势浩大

雅各布森曾谈道，在某种程度上来说，简直是去“听”而不是去观看戏剧——剧院的台上和台下都很嘈杂。大铁球在鼓上滚来滚去，以制造雷鸣的效果；枪声和开火交战的声音一声高过一声。一阵阵的音乐声连绵不断，因为它们有助于增强演出的感染力：响亮的小号声预示着一个入场；柔和的弦乐则代表着一个神秘的转变。如果《罗密欧与朱丽叶》中对“我们舞台上的两个小时经历”的描述非常准确的话，那么节奏将会是十分流畅的，而且按照现代标准，当年戏剧的转场速度几乎是难以置信地快，一组角色刚从舞台离开，另一组角色就进入了舞台。

雅各布森戏剧是一个卓越的魔幻剧场。真实的景观基本上是不存在的，道具如蜡烛、书信和图书都做得很小，而且在各部戏里通用。这一刻，出演的内容可能是在古罗马，或者当代法国；下一刻，可能就到了英国——只要有人在旁白说明一下即可。《冬天的故事》从第三幕结束到第四幕开始，演员们飞快地演出了跨越 16 年的事情（一个演员在舞台上负责告诉我们时间）。

尽管莎士比亚的舞台指导是众所周知地少，但是关于现场表演如何完成则在剧本各处慷慨地描述了不少。在《麦克白》中，班柯说道：“他们的蜡烛全都熄灭了”，这意味着一个深夜的场景，在这之后，麦克白进来了，身边有一个拿着火把的仆人（可能是匆匆忙忙的）。在《哈姆雷特》的开头，哨兵们叫着“很冷”，并确切地指

一幅19世纪的插图，再现了伊丽莎白时代的戏剧《仲夏夜之梦》表演时的场景。由于剧本里面有几十个角色，但是剧团里的男性演员（所有的演员都是男性）要少得多，所以，每一位演员都不可避免地要出演好几个角色。

出了时间（“现在敲了十二下”），以此提醒观众——也许现实里是一个明亮的夏日午后，而在这出戏的世界里，那是夜深人静时丹麦的冬天。

剧本里非常紧张的节奏意味着演员不得不去匆忙地在记得老剧本的同时去记住新的素材，他们的排练时间很可能非常短。然后是他们扮演的角色不同的性质：女性不允许出现在公共舞台上，所以剧团里全是男性，由十几岁的年轻学徒扮演年轻的女性角色，由成年男人扮演年长的女性角色。我们很难找到证据证明这种变装是不是令人信服，不过，考虑到克莉奥佩特拉，或者《第十二夜》里的薇奥拉，年轻的演员一定得有足够的天赋让观众叹为观止。即使是剧团里一个普通演员的技能也同样令人印象深刻，比如一分钟的剑术表演或者歌唱，还有演出结束时，令托马斯·普拉特非常钦佩的“美妙而优雅”的舞蹈。

关键是，像莎士比亚这样的剧作家，他与同事紧密合作，以使得他的剧作像是量身定做的。比如他笔下的一些角色是为身材瘦削、说话直白的演员约翰·辛柯洛定制的，而杰出的舞蹈家和以肢体见长的喜剧演员威廉·肯普看来是扮演了福斯塔夫和《无事生非》里面倒霉的警员多贝里。莎士比亚最亲密的合作者是他伟大的男主角理查德·伯比奇，他形象化地创造了哈姆雷特和李尔王等角色，以及一个被誉为“悲伤沼泽”的角色——奥赛罗（哈姆雷特、李尔王、奥赛罗都是莎士比亚创造出来的悲剧性角色。莎士比亚四大悲剧包括《哈姆雷特》《奥赛罗》《李尔王》《麦克白》。——译者注）。

即便如此，演出量翻倍也被认为是理所当然的，尤其是在小角色上：《罗密欧与朱丽叶》大概有四十场，写的时候剧本里最多有十六场。

我们只能猜测1595年后台的情况，当时剧团正在大力宣传这部剧，试图让大家关注这部新剧。到现在外人也依旧无法想象这些东西的气味，因为你要考虑到伊丽莎白时代的演员很可能用了真的动物

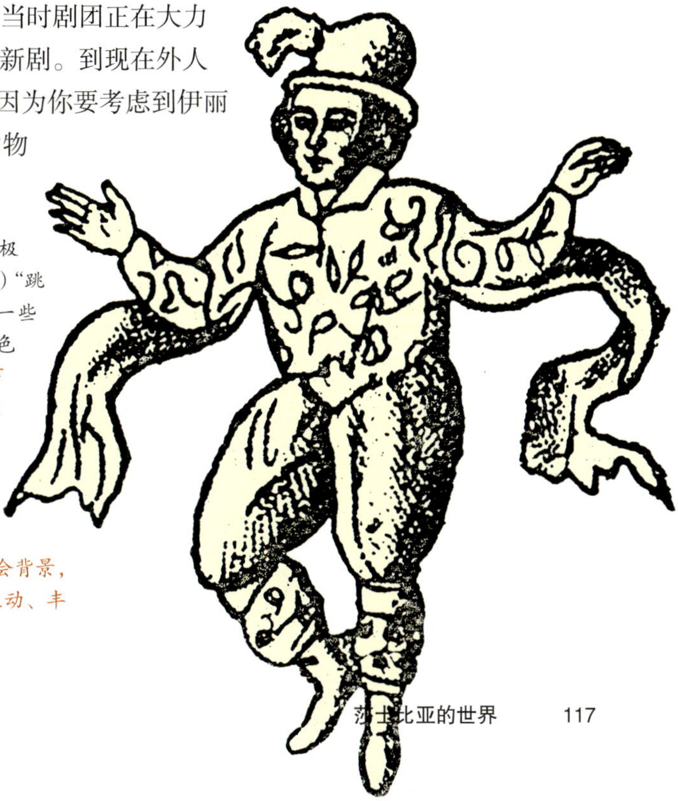

一幅大约1600年的木刻画，内容是当时红极一时的丑角演员威廉·坎普（William Kempe）“跳莫理斯舞”，莎士比亚可能会在剧作中写一些有漫画风格的内容，就像为坎普创作的角色福斯塔夫。（福斯塔夫是莎士比亚的剧作《亨利四世》的第一部、第二部及《温莎的风流娘们儿》中的一个角色。福斯塔夫这个角色，在剧中是在封建制度没落时期由贵族社会跌落至平民社会，他上与王子关系亲密，下与强盗、小偷等为伍，通过他的活动，莎士比亚展示了跨度极大的广阔的社会背景，为塑造人物和展开戏剧冲突提供了广阔、生动、丰富的社会背景。——译者注）

戴维·斯科特（David Scott，1806—1849，英国浪漫主义画家。——译者注）1840年的画作，他在画中想象伊丽莎白女王在环球剧场观赏一场戏剧。事实上，女王没有去过公共剧院，而是习惯享受莎士比亚的剧团为她进行的私人表演。

莎士比亚的环球剧院，一个茅草屋顶、木结构的剧场，根据 1599 年的原剧院重建而成，离原址只有几步之遥。

血来制作特效——莎士比亚早期的悲剧《泰特斯·安德洛尼克斯》是臭名昭著地血淋淋，剧中一个角色的舌头被割掉了，手也被砍掉了——夏天的那几个月的味道一定闻起来十分令人作呕。

找到合适的地点

莎士比亚最为人所熟知的剧院环球剧院，有一个鲜为人知的讽刺之处，那就是——

除去建筑过程中的不光彩故事之外——环球剧院一开始并不想在那里选址。早在他们和房东闹翻之前，剧团管事的人就想在泰晤士河以北的黑衣修士剧院附近的高档区域占有一席之地。这个计划是想把环球剧院变成一个室内的供游戏和娱乐用的场所——冬天更为舒适，目标是吸引更多的独家顾客（相应地也会收取较高的票价）。在这个过程中，附近的富人居民们抗议这个“巨大的麻烦”，居民们不希望有一个剧团和一群演员待在他们的居住地。这块地方只好租给了一个儿童剧团。

这家剧团1608年惹了麻烦，他们的一场戏出现失误，冒犯了法国大使，这样一来，巴贝奇家的人看到了他们的机会。在此之前，他们在詹姆斯六世及一世的资助下，一直在安稳地工作着，并定期在白厅演出，还成功地接管了黑衣修士剧院，也为夏季的演出保留了他们的河岸空间。

尽管他的戏剧继续在环球剧院演出，同时也在宫廷演出，另外也有巡回演出，但是剧院遭遇的事情对莎士比亚创作的影响是立竿见影的。非常令人激动的是，黑衣修士剧院提供了他梦寐以求的戏剧自由：一排排蜡烛，允许根据情况调节灯光；一家歌手和乐团常驻的剧团；有可能做出神奇的特效。

以《暴风雨》（约1611年演出）为例，它在一场猛烈的风暴中开场（舞台指示上写着“湿淋淋的水手入场了”）并伴随着伴奏和歌声。《辛白林》创作于同一时期，祈求朱庇特“在雷电之中降临，坐在一只鹰上”，然后就抛出了一个霹雳声。用蜡烛照亮黑暗的空间在当时充满神秘氛围：莎士比亚最具挑战性的戏剧改革之一，就是在《冬天的故事》的最后，雕像复活时（“是时候了，下来吧，不要再做石头了……”），在蜡烛燃烧、火光闪烁中使之重生显得尤为可信。

雄心壮志

最终，莎士比亚和他的同伴们终于有机会为他们建造环球剧院时的匆忙和省钱的方式而后悔。1613 年 6 月 29 日，在他最新的与人合作的戏剧《都是真的》（人们更熟悉它的另一个名字《亨利八世》）的第一幕正在演出的时候，一门道具加农炮燃烧的材料落在了茅草屋顶上。几分钟内，在强风的吹动下，整个建筑燃烧了起来。据一位目击者说：“（火焰）从里面点燃，像火车一样到处奔跑，不到一个小时就把整座剧院都烧光了。”

没有人死亡。有一个人差点死去，因为他差点把啤酒泼在他的马裤上。但是对莎士比亚来说，这件事情让他的事业仿佛要结束了。当国王剧团忙于重建的时候，莎士比亚花费了一笔巨款，约 1500 英镑，委托别人建造一个新的环球剧院（这次重新铺设了瓷砖铺就的屋顶），剧作家卖掉了他在剧团的股份，看起来准备要在家乡——埃文河畔斯特拉福德待上更多的时间，在黑衣修士剧院附近保留了一个朴素的小寓所。他最后的剧作之一，《两个高贵的亲戚》也是合著，此时可能也已经完成。就在这一年，他作为职业剧作家的生涯彻底结束了。

两年之后的 1616 年，莎士比亚去世。他悄无声息又神秘地离开了给他如此戏剧性一生的世界，就像他来到这个世界时一样。他使戏剧变得和以往那些传统的戏剧有了巨大的不同。

本文作者安德鲁·迪克森是一位作家、电台主持和评论家，是伦敦大学伯贝克学院英语系的名誉研究员，也是《另一处世界：探索有关莎士比亚的世界》（鲍利海出版公司，2015年）一书的作者。

发现更多

图书

▶《莎士比亚全球指南》
（安德鲁·迪克森，轮廓出版公司，2016年出版）

1997 年落成的环球剧院，登上舞台的作品包括了莎士比亚的戏剧，这家新建的环球剧院上演的戏剧场景被认为与伊丽莎白时代的观众所看到的场景类似。

17 世纪初的印刷品上的帷幕剧院（中间偏左的地方用的是石材）。

帷幕剧院（1577—1625）

跨越两个君主统治的先锋剧场

这可能是伦敦第三个专门作剧场之用的建筑，帷幕剧院建于 1577 年，离伯比奇剧院仅几步之遥，剧院使得脏乱破旧、拥挤不堪的肖尔迪奇成为伦敦早期戏剧爱好者消遣的地方。尽管帷幕剧院比环球剧院小，但是它还是上演了马洛的剧作和托马斯・基德那部血腥的《西班牙悲剧》。后来，帷幕剧院可能是演出了《泰特斯・安德洛尼克斯》和《罗密欧和朱丽叶》，而波贝奇和他的同僚则在等着环球剧院竣工。与几乎其他所有伊丽莎白时代的剧院不同的是，直到 1625 年，直到查理一世时代，帷幕剧院依旧运营良好。

约翰内斯·德威特 1596 年绘制的天鹅剧院是一幅贴有标记的示意图，有助于我们看到伊丽莎白时代剧院的关键部分，包括观众看戏的院子和可以欣赏戏剧的长廊。

天鹅剧院（1595—1628）

看一下伊丽莎白时代伦敦剧场的内部结构

1596 年，由商人弗朗西斯·兰利（Francis Langley）创办的天鹅剧院和菲利普·汉斯罗（Philip Henslowe）的玫瑰剧院展开了竞争。玫瑰剧院是海军大臣剧团常驻的剧院，就在几条街以外的南华克。当其他剧院只有外观出现在伦敦的城市图景的草图中时，天鹅剧院的独特之处在于我们有它内部的图像。这是一名叫约翰内斯·德威特（Johannes de Witt）的荷兰学生在天鹅剧院开业一年之后绘制的草图，至今还保存着它的一份摹本。它描绘了一个被天棚遮盖着的宽阔舞台，有一片被宽阔的像角斗场一样的圆形看台围起来的区域，那里是供没钱的观众站着的地方，另外还有阶梯状的长廊供人坐下，描绘出了伊丽莎白时代剧院的主要特征。因此，这份手稿的珍贵是不可估量的。

黑衣修士剧院（1596—1642）

为更具鉴赏力的戏剧爱好者提供了一个私密的室内场所

提到莎士比亚，我们大部分人立刻会想到环球剧院和其他类似的露天剧院。但是剧作家和他的剧团时常在室内演出——在白厅的老宴会厅、在合法的小酒馆，以及在巡回演出中的任何不同的地方。早在 1596 年时，伯比奇家族就急于在黑衣修士剧院附近的富人区拥有一个“私人”的室内场所，要设置得比公共剧院更精致豪华、更舒适（更不用说收放自如的戏剧张力了），但是被愤怒的当地居民阻止了。该剧团最终于 1608 年迁入了黑衣修士剧院，并成为莎士比亚常规的冬季演出地。莎士比亚后期的大部分剧作都在这家闪烁着亲切而私密光芒的烛光剧院上演。

一幅大约 1880 年绘制的插图，展现了黑衣修士剧院的表演。这是一处室内剧场，提供了比露天阶梯式圆形剧场更舒适的体验。

莎士比亚的核心圈子

这是大约 1880 年的一幅插图，描绘了 17 世纪早期，一伙人聚集在舰队街的魔鬼酒馆里，其中包括莎士比亚的朋友、剧作家本·琼森。

戏剧企业家

约翰·海明斯（John Heminges）（1556—1630）

一个杂货店的学徒，他离开了西米德兰兹郡，加入了董事会，继而资助开办了伊丽莎白时代最著名的剧院。

莎士比亚剧团的发展，以及许多莎士比亚的剧作首次上演的剧院，都依赖于海明斯这样的投资者。他出生于伍斯特郡的德罗维奇，12 岁开始做杂货店的学徒，然后将自己的商业活动转向戏剧产业。1590 年，他和丽贝卡·克内尔结婚，到了 1613 年，两个人一共养育了 14 个孩子。

海明斯成为特兰奇勋爵手下的杰出成员，1594 年，莎士比亚和他一起成为宫内大臣剧团的创始股东，他可能在其中投资了 50—80 英镑。1599 年，他投资建造了环球剧院；1608 年，又投资建造了黑衣修士剧院。

这些投资每年大约会创造 200 英镑的收益。海明斯在阿德尔街和西尔弗街买了房子，离莎士比亚借住的胡格诺派教徒蒙乔伊家很近。他经常去圣玛丽·奥尔德曼伯里教堂，教堂离他的住处大约 10 分钟路程。1617 年，他曾作为教堂的堂会理事在教堂的登记册上签字。

海明斯最后一次出现在演员名单中是在 1611 年，不过在一首描述 1613 年 6 月 29 日环球剧院被烧的民谣里面提道："像醉汉一样，睁着昏昏欲睡的眼睛，口吃的海明斯苦恼地站着。"他究竟是作为演员在舞台上结巴，还是在自己的角色中结巴，还是出于震惊而结巴，这就不得而知了。

作为投资者，海明斯收到了剧团在皇宫里演出的报酬；莎士比亚时期剧团有 170 人，海明斯时期则达到了 320 人。他还让几个年轻的男学徒去做杂货商，以便训练他们扮演女性角色。

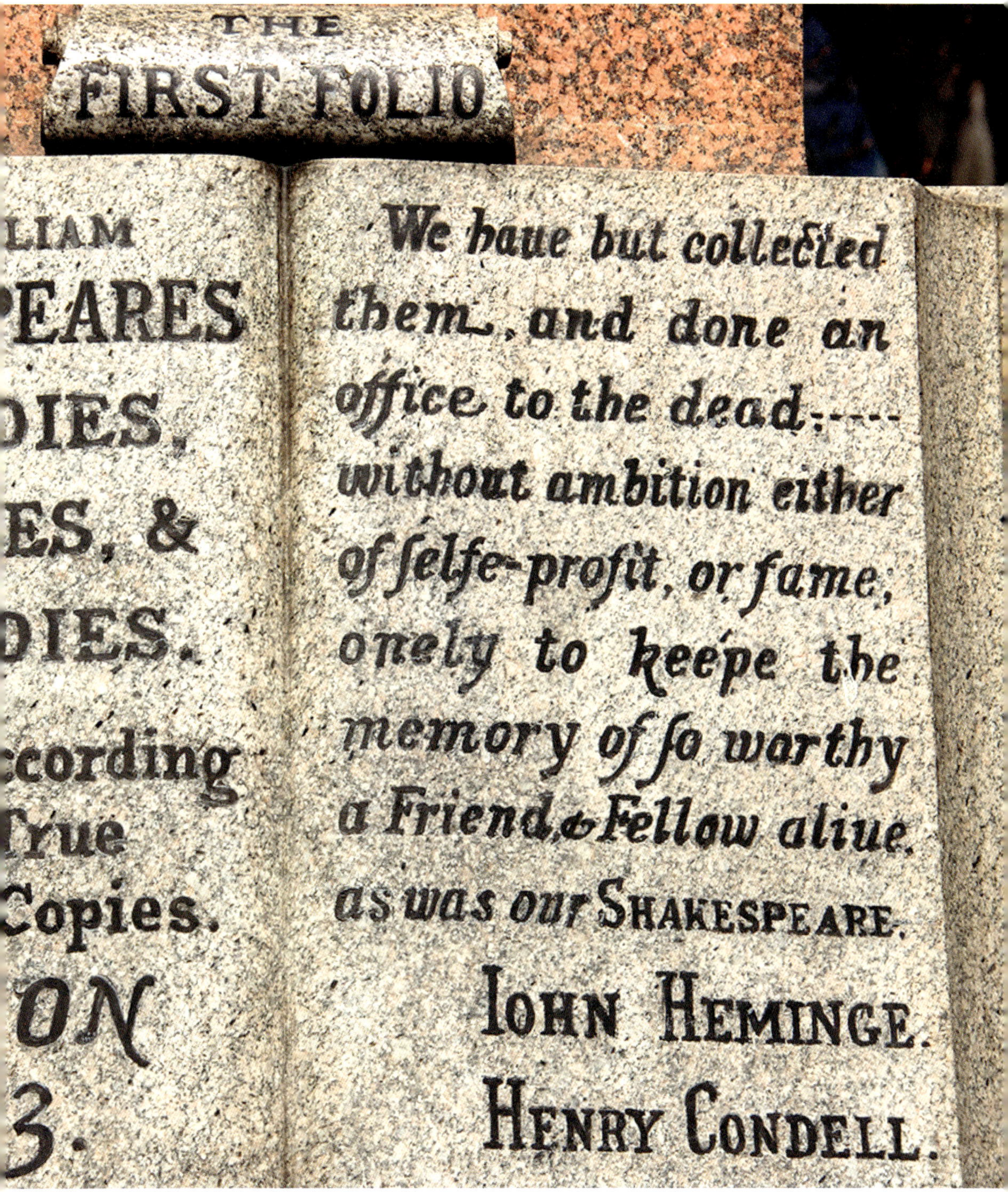

纪念约翰·海明斯和《第一对开本》的编辑亨利·康德尔的纪念碑矗立在圣玛丽·奥尔德曼伯里教堂的遗址上，他们两个人都葬在圣玛丽·奥尔德曼伯里教堂。

绅士演员

亨利·康德尔（Henry Condell，1576—1627）

一个诺里奇鱼贩的儿子，他在琼森的剧作中和莎士比亚一起演出，他有一桩美满的婚姻，退休之后在富勒姆乡下的一个高档庄园居住。

康德尔是他们那个时代最有天分的演员之一，他十有八九是比海明斯和莎士比亚都要好的演员。康德尔出生于诺里奇，父亲去世之后，他大约在 1591 年搬到了伦敦，然后和他母亲的兄弟，一位圣布莱德教区的刀匠和铁匠一起工作。他的这位舅舅拥有皇后区最好的酒馆，那里离贝尔萨维奇酒店（Bell Savage Inn，是 15 世纪至 1873 年英国伦敦的一家酒店，它是伊丽莎白时代进行各种娱乐活动的场所。——译者注）不远，也靠近剧团经常演出的内殿和中殿。

1596 年，康德尔和伊丽莎白·斯玛特结婚了，女方是一个有钱人家的独生女，

一幅 18 世纪的木刻画，描绘的是本·琼森的讽刺喜剧《炼金术士》中的一个场景。亨利·康德尔在这出戏早期的演出中扮演过角色。

她继承有斯特兰德区的房产和萨沃伊教区的租约，到了1603年，康德尔被称为“绅士”。和莎士比亚一样，他也在土地上进行投资——1617年到1619年，他在格洛斯特郡30英亩的土地投资中占了一半份额。到了1625年，他在富勒姆租了一处大庄园。

康德尔和海明斯、莎士比亚一起，在本·琼森的《人人高兴》（1598年）和《西亚努斯的覆灭》（1603、1604年）中合作。康德尔和海明斯还参与了琼森的《福尔蓬奈》（剧中同名角色专为康德尔而作）、《炼金术士》和《喀提林他的阴谋》（从1599年到1611年）。

约翰·马斯顿在《满腹牢骚》中为康德尔创造角色让他去尽情表现自己，在剧中，他用拉丁文引用普鲁塔克，而且表现得很专横——他让他的同事，演员威廉·斯利给他捡帽子。康德尔（1613年或1614年）在约翰·韦伯斯特的《马菲公爵夫人》的演出中成为第一个扮演红衣主教的演员。和海明斯一样，康德尔也是圣玛丽·奥尔德曼伯里教堂的一名虔诚的教士和堂会理事。

门生

约翰·弗莱彻（John Fletcher，1579—1625）

他是一个牧师的儿子，受过良好的教育，他向莎士比亚学习并与莎士比亚一起工作。

作为莎士比亚合作最紧密也是最重要的合作者，弗莱彻不断吸收和继承他导师创作出来的人物特点和故事情节。弗莱彻生于莱伊镇一个受过良好教育的家庭。他的父亲理查德，是彼得伯勒大教堂的主教，苏格兰女王玛丽被斩首时，他曾出现在断头台上（1587年，彼得伯勒教堂曾作为玛丽女王的安葬地，1612年，她的遗体被转移至威斯敏斯特大教堂。——译者注）。理查德后来成为布里斯托大教堂、伍斯特大教堂的主教，后来又成为伦敦大教堂的主教。

弗莱彻本人曾就读于彼得伯勒的大教堂学校，1598年毕业于剑桥大学的耶稣圣体学院，获文学硕士学位。几年之后，大约在1606年，他开始与剧作家弗兰西斯·博蒙特合作。从1608年开始，他们一起合作，为国王剧团创作了一系列的成功之作，分别在环球剧院和黑衣修士剧院演出。

弗莱彻和莎士比亚连续合作了几部戏剧，如《都是真的》，这部剧作又名《亨利八世》；其中审讯阿拉贡的凯瑟琳皇后的名场面就是在黑衣修士剧院上演的，更为戏剧性的是，历史上，这件事情也发生在黑衣修士剧院所处的位置。他们还合作创作了失传的剧本《卡登尼欧》，根据堂吉诃德的故事改编，并于1612—1613年在宫廷演出。他们还合作了《两个高贵的亲戚》。

莎士比亚看起来很信任这个年轻人，还鼓励他多加练习自己的写作才能。弗莱彻并没有令人失望，他非常欣赏莎士比亚，所以写了一部《驯悍记》的续集《女人的奖赏》，剧名又叫《驯服者被驯服》，这本身就是一部成功的戏剧——写的是彼特鲁乔在妻子凯特去世之后，被他的第二任妻子玛丽亚驯服的故事。

1620 年剧作家约翰·弗莱彻肖像画。在莎士比亚职业生涯的尾声，弗莱彻曾与他一起工作。弗莱彻自己也获得了职业生涯的巨大成功。

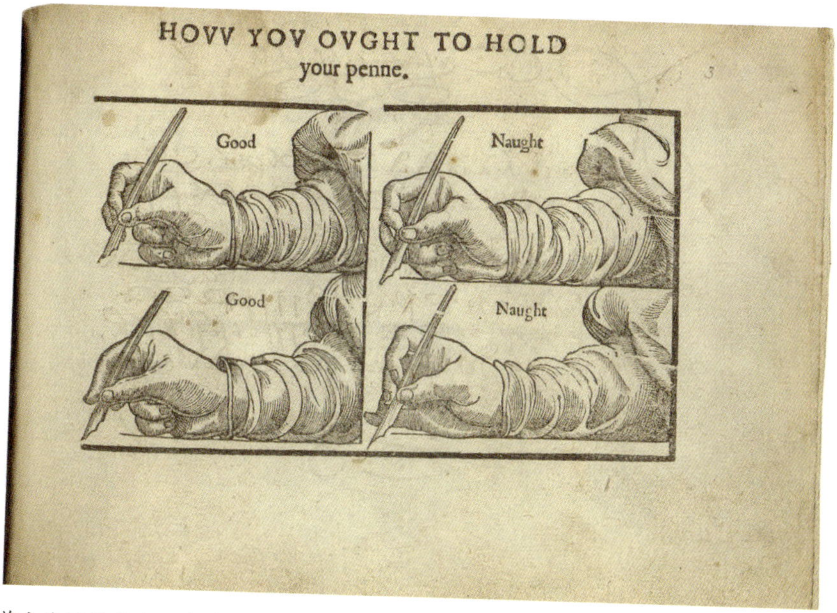

莎士比亚的朋友理查德·福尔德于 1611 年印刷出版的书法专著。

印刷商

理查德·福尔德（Richard Field，1561—1624）

他是莎士比亚一家人的朋友，印刷莎士比亚原著和诗集。

他是莎士比亚在埃文河畔斯特拉福德的邻居，也是好朋友。福尔德后来为莎士比亚提供素材和出版资源，很可能还为他提供了一个住处。

福尔德的父亲，后桥街的亨利·福尔德是一名制革工人，他很可能和剧作家莎士比亚的父亲——约翰·莎士比亚一起工作过，因为约翰·莎士比亚是手套商人，很可能需要鞣过的毛皮。大概在 1575 年，理查德离开了斯特拉福德，去往伦敦，随后的七年中，他有六年都在做胡格诺派的印刷商托马斯·沃特罗利尔的学徒工。1587 年，沃特罗利尔去世了，1589 年 1 月，福尔德娶了他的遗孀杰奎琳，执掌了黑衣修士剧院的印刷业务。

福尔德的印刷作品包括一版奥维德的《变形记》（1589 年），这是莎士比亚最喜欢的书籍之一；还有拉斐尔·霍林希德的《英格兰编年史》，这本书为莎士比亚的许多历史剧提供了资料。1592 年，公共剧场关闭了之后，莎士比亚找到福尔德出版他的叙事诗《维纳斯和阿多尼斯》（1593 年）和《鲁克丽丝受辱记》（1594 年）。这些诗集非常受欢迎，是莎士比亚一生所有作品中重印最多的作品。

需要特别提到的是，莎士比亚在《辛白林》（约 1610 年）中提到了他在斯特拉福德的朋友：在一个场景中，因诺金公主（或伊莫金公主）伪装成一个男孩，假称自己的名字是“理查德·杜尚”——这是福尔德在法语里的姓氏。很可能是福尔德帮着莎士比亚找到了他在伦敦的第一个住处，也可能是福尔德把他介绍给了西尔弗街，胡格诺派的蒙乔伊一家，后来我们的大剧作家就住在那里。

1617年左右，莎士比亚去世一年后，亚伯拉罕·范·布林贝奇为本·琼森创作了当代仅存的肖像画。

剧作家

本·琼森（Ben Jonson）（1572—1637）

这位友善的对手以他的讽刺剧引起了广泛的关注，他是莎士比亚的崇拜者之一。

莎士比亚创作的近现代的剧目，有一些他曾经在其中扮演角色，这些剧目后来受到了皇家资助。

琼森从来没见过他的父亲，那是一位在他出生之前就去世的牧师。他被继父抚养长大，继父是一位瓦匠，在成为继父的学徒之前，他进入了威斯敏斯特学校。他曾经在荷兰当兵，和西班牙打仗。霍桑登的苏格兰诗人威廉·德拉蒙德后来记录说，琼森曾经告诉他，自己在一次战斗中杀死了一名敌军。

琼森大约在16世纪90年代中期开始创作戏剧，他经常与其他剧作家合作。他极具特色的作品风格中充满了知识分子的骄傲、古典知识、辛辣的讽刺和政治倾向。莎士比亚写剧本和投资剧院主要是为了赚钱，琼森的创作则是含有更多的政治讽刺意味，也有相当傲人的才华。

《犬之岛》是他在1597年与托马斯·纳什（Thomas Nashe）合作的作品，被当局查禁，他自己也被投入监狱（纳什设法逃走了）。一年以后一个名叫加百利·斯宾塞（Gabriel Spenser）的演员向他发出挑战，要与他决斗，他在霍格斯登的田野里将对方击杀。因为此事，琼森差一点被绞死，但是他因为“神职人员的福利”而获救——他能背诵《圣经》。他被没收了所有物品，左手拇指也被打上了烙印。

他那彰显博学却不受欢迎的剧作《西亚努斯的覆灭》（1603、1604年）正式上演——莎士比亚也在其中出演角色——正是这次的演出使琼森收到枢密院以叛国为名的指控。但是当詹姆斯六世及一世成为国王时，琼森开始创作宫廷假面剧和其他娱乐性的戏剧，到了1616年，国王授予他每年100马克的养老金，这也使他实际上成为第一位桂冠诗人（桂冠诗人，是英国王室御用诗人的称号。源于古代希腊人用月桂树叶编成冠冕，赠予有名的英雄或诗人。桂冠诗人领取宫廷津贴，为王室写作应景诗。后来的桂冠诗人也指由国家或政府确认的诗人的称号。一般来说，桂冠诗人的作品是这个国家具有代表性的诗歌。——译者注）。之后不久莎士比亚就去世了，这也可以说明琼森在当时是一位更为成功的作家。

1619 年，琼森告诉德拉蒙德，莎士比亚“缺乏技巧”，但是他在 1623 年为《第一对开本》所写的悼念诗里，对他这位朋友（当然，也有人认为，是他的对手）的天赋表达了深深的钦佩。在他的《发现录》（在他去世之后的 1641 年出版）中，他在《关于我们的莎士比亚》一文中写道：“我热爱此人，也跟任何人一样，绝对想念他（在人世这叫偶像崇拜）。”

主角

理查德·伯比奇（Richard Burbage，1567—1619）

他是一位演员，一位戏剧投资人，他扮演了莎士比亚创作的多个知名角色。

伯比奇的家族成员有不少戏剧企业家，理查德和卡斯伯特追随着他们的父亲詹姆斯的脚步，詹姆斯是早期的革新者。他们原先居住在布罗姆利，1576 年开始，全家搬到肖尔迪奇居住，这里离位于城市北边的剧院很近。理查德加入了莎士比亚的团队，和他一起创立了宫内大臣剧团，并购买了环球剧院和黑衣修士剧院的股份。

在二十年里，理查德·伯比奇扮演了莎士比亚剧中的许多主要角色，这表明两个人无论在专业领域还是在私人生活中都有着密切的联系。随着伯比奇年龄的增长，他所要扮演的角色的年龄也在增长，比如，理查三世、哈姆雷特、奥赛罗、李尔王和佩力克里斯。在莎士比亚的遗嘱中，和海明斯、康德尔以及莎士比亚在斯特拉福德的三个老朋友一样，他们得到了 26 先令 8 便士（1 马克）的遗赠，以购买一枚悼念戒指。伯比奇的遗孀维尼弗雷德一直持有家里在剧院的股份，直到剧院于 1642 年关闭。

17 世纪一幅油画中描绘的演员理查德·伯比奇，他和莎士比亚密切合作了二十多年。

谁创造了《第一对开本》？

一支庞大的队伍，聚集了一批合作者，他们对莎士比亚戏剧的初稿进行了修订、誊写、编纂、注释和插图说明。

将 36 部威廉·莎士比亚先生的喜剧、历史剧和悲剧变成一本书，是一项富有野心的计划，也是出于喜爱而做的事。这一收集现在被称为“第一对开本”，但是对那些参与此事的人来说，并没有第几之说，而是只此“一个”对开本。

因为共同参与了《第一对开本》的编辑，约翰·海明斯和亨利·康德尔被人们铭记，这本书在莎士比亚去世 7 年之后面世。但是毫无疑问，他们得到了许多莎士比亚的其他朋友以及同事和家人的帮助。

《第一对开本》中有 18 部剧作之前从未问世，所以这些剧作的权威手稿必然来源于此。一位名为拉尔夫·克雷恩的专业抄写员，被雇来为莎士比亚的一些喜剧做了大量的誊写工作。托马斯·米德尔顿参与了《麦克白》的改编工作，并与莎士比亚合作了剧本《雅典的泰门》，这两部剧作都是首次印刷出版。约翰·弗莱彻很可能参与誊写了《都是真的》（也就是《亨利八世》）。

出版过的剧作也被重新校订，修订了大量的注释和之前的四开本。《特洛伊罗斯与克瑞西达》差不多做了 500 处修订。休·霍兰德、莱纳德·迪格斯和詹姆斯·马贝写了赞美诗，并可能以海明斯和康德尔为中心成立了一个非正式的编辑委员会。

有三部剧作似乎是莎士比亚自己的手稿（《错误的喜剧》、《第十二夜》又名《随心所欲》，以及《安东尼和克利奥帕特拉》），他们很可能是去了一趟埃文河畔的斯特拉福德，从剧作家的遗孀安妮那里收集到了这些作品。

马丁·德罗肖特受命制作一幅莎士比亚的版画来放到卷首页。皇宫里最重要的诗人本·琼森写了两首诗，这两首诗，连同对彭布罗克伯爵的献礼，如果不是资助的话，至少说明了皇室对此事的兴趣和关注。

1623 年出版的《第一对开本》在印刷厂印了至少有一年的时间，它的制作需要对莎士比亚研究得极其深入，需要对莎士比亚私下里的圈子很熟悉，以及在此基础上的许多元素的结合。

本文作者保罗·埃德蒙森是莎士比亚出生地基金会的首席研究员和信息员。

发现更多

图书

▶《莎士比亚生活圈》
（保罗·埃德蒙森　斯坦利·威尔斯编，剑桥大学出版社，2015年出版）

▶《莎士比亚的新居所：一本考古传记》
（保罗·埃德蒙森著，曼彻斯特大学出版社，2016年7月出版）

网站

▶在这个网址在线收听莎士比亚在家庭生活中戏剧化的声音。
www.theshakespearecircle.com

如果不是 1623 年的《第一对开本》，
我们就不会有 18 部莎士比亚的戏剧了。

莎士比亚的剧作

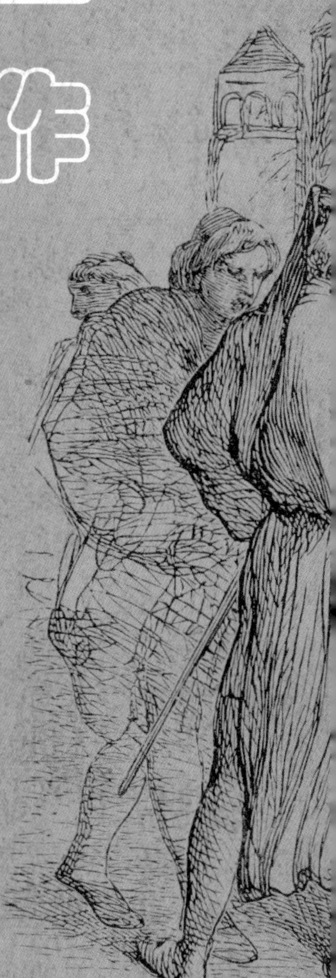

探索并发现莎士比亚是如何创作自己的历史剧的，并了解他剧作中最著名的情节和人物性格背后的真相。

SHAKESPEARE'S PLAYS

罗纳德·高尔勋爵所创作的莎士比亚雕像和未来的亨利五世，亨利五世正在试图戴上皇冠。莎士比亚的剧作《亨利五世》，表面上是对一位年轻而有男子气概的国王功绩的颂扬，但这是否也是对英格兰那垂垂老矣又意志薄弱的在位女王的一次暗地里的攻击？

莎士比亚是如何改写历史的?

莎士比亚的历史剧深受他的时代所发生的大事件以及在他之前发生的事情的影响。杰里·布罗顿揭示了莎士比亚的八部作品是如何反映当时的政治危机的——这让伊丽莎白女王的审查人员大为恼火。

《亨利六世》第一部

英格兰又流血了

《亨利六世》第一部中戏剧化的军事逆转对莎士比亚的观众来说太熟悉了。

16 世纪 90 年代初，一位名叫威廉·莎士比亚的年轻剧作家引起了人们的关注，他以三部关于兰加斯特国王亨利六世（1421—1471），和于 1483 年导致内乱最终达到顶点的约克国王理查三世的通俗戏剧，闯入伊丽莎白时代的戏剧舞台。这一系列作品记录了年轻国王的软弱无能，以及莎士比亚后来在《亨利五世》中写到的那样，“太多人在管理”他们的国家，以至于“他们失去了法国，使他的英格兰流血”。

《亨利六世》第一部分的主要情节是法国战争期间，英雄约翰·塔尔博特勋爵（约 1387—1453）和法国女武士珍妮·拉普塞尔——在英格兰被称为圣女贞德（1412—1413）两个人之间的对抗来推动的。他们的战争遍及法国的各个城市，包括 1418 年—1419 年易手的鲁昂。

在剧中，英格兰士兵“坐在鲁昂城墙前”。这场历史性的围攻与莎士比亚写作时发生的事件极为相似。1589 年，伊丽莎白派了一支军队到法国抵制天主教联盟，支持胡格诺国王亨利四世。1591-1592 年冬天，英格兰军队包围了鲁昂，但政治混乱、军事管理不善和疾病等诸多原因导致了围攻最终被放弃，英格兰军队死伤惨重，这导致了整场战争的失利。《亨利六世》的三个部分如此成功不足为奇，它们实际上是对时事的军事和政治报道，以及对都铎王朝之前英格兰历史的更深入的反思。

《理查二世》

极具煽动性的剧本

莎士比亚的《理查二世》是对年迈的伊丽莎白女王的一次含蓄的抨击吗?

1595 年，莎士比亚开始创作英国历史剧的第二个四部曲，这些剧作覆盖的历史时期比他之前的系列剧都要早。他的新系列剧始于理查二世（1367—1400）时期，结束于亨利五世在阿金库尔战役中获胜的五年之后，也就是 1420 年。

今天，《理查二世》经常被演绎成关于一个怨天尤人的诗人气质的国王的悲剧，他在亨利·博林布鲁克——未来的亨利四世国王的手上被罢黜之后，才最终发现了自己的本性。但是在 16 世纪 90 年代中期，它被卷进了一场关于推翻合法君主而展开的有政治风险的辩论。正如博林布鲁克准备罢免理查二世时，身为主教的卡莱尔问的那句话：“什么样的人可以对他的国王宣判？”

当这部戏剧于 1597 年首次出版时，充满激烈证词的场景被删掉了，这足以表明伊丽莎白的审查人员认为这部剧太具煽动性了。剧本中软弱的理查二世和现实中 15 世纪 90 年代年老的伊丽莎白之间惹人遐想的相似性无疑是危险的。其他人，如历史学家约翰·海沃德，则因将伊丽莎白曾经最宠幸的罗伯特·德弗罗——埃塞克斯伯爵二世与亨利四世相提并论而被捕。在埃塞克斯反抗女王前夕，他的支持者花钱请莎士比亚的剧团在环球剧院演出了一部《理查二世》的戏剧，为了显示如伊丽莎白这种和理查一样的君主被免职是正义的。尽管这场演出并没有达到煽动叛乱的预期效果，但随后的一则逸事称，伊丽莎白很清楚她的敌人是如何看待她的，她说：“我就是理查二世，你不知道吗？”

在 1995 的一次演出中，费奥纳·肖出演《理查二世》。这部剧思考了罢免君主的正当性，这个话题对伊丽莎白女王的审查者来说太具争议性了。

《威尼斯商人》

在火线上的犹太人

《威尼斯商人》反映了伊丽莎白时代私人医生的黑暗命运。

写于 1596 年左右的《威尼斯商人》仍然是莎士比亚最具争议的戏剧之一。现代观众认为这部戏剧是关于夏洛克这个住在威尼斯的犹太放债人的故事，虽然它的标题实际上是指他的基督教对手，威尼斯商人安东尼奥。这部戏剧被认为是一部喜剧，只是比较热衷于攻击犹太人。在剧中，夏洛克要求以一个凶残的方案来解决借债问题，就是用安东尼奥身上的“一磅肉”来抵债。

莎士比亚对夏洛克着墨很多似乎有些奇怪，因为犹太人在1290年被正式驱逐出英格兰，1656 年才被克伦威尔重新接纳。不过，确实有少数犹太人生活在伊丽莎白时代的伦敦，他们的生活给了许多戏剧以灵感，包括克里斯托弗·马洛的《马耳他岛的犹太人》（1589—1590），这些戏剧影响了莎士比亚。

但莎士比亚可能从英格兰与摩洛哥的贸易中进一步了解了犹太人，这种贸易几乎完全是通过犹太人做中间人来进行的。也许对这出戏影响最大的事件，是 1594 年对伊丽莎白一世的私人医生罗德里戈·洛佩兹的公开处决，罗德里戈·洛佩兹医生出生于葡萄牙，是一名皈依新教的犹太人，因涉嫌试图毒害女王而被判叛国罪。据报道，在他被处死之前，他曾说过他“爱女王，也爱耶稣基督”，这句话出自一个犹太从业者之口，引起了旁观者不小的笑声。

伴随着洛佩兹的死亡，残酷而不安的笑声弥漫在莎士比亚的戏剧中。夏洛克把他和安东尼奥的关系称为“一项愉快的游戏”，尽管他那著名的演讲“难道我们犹太人没有眼睛吗？”激起了同情，但是它的结论有些阴暗：“如果一个基督徒欺侮了一个犹太人，那么照着基督徒的做法，犹太人应该怎样表现他的谦逊？复仇。你们教给我的残虐的手段，我会照着执行。”也许基督徒比犹太人更麻烦。

亨利·乌里克在《威尼斯商人》中扮演夏洛克，这是一部“醉心于攻击犹太人”的剧作。

通过比较埃塞克斯伯爵 1599 年的画像和亨利五世，看得出来莎士比亚在玩一个冒险的游戏。

《亨利五世》

埃塞克斯的耻辱

《亨利五世》的创作正值另一位不太有成就的军事领袖在爱尔兰举步维艰之际。

莎士比亚的第二个四部曲以《亨利五世》收尾，也差点让他陷入困境，这部剧再次牵扯到麻烦不断的埃塞克斯伯爵。这部戏剧描绘了亨利五世（1386—1422）的统治，描绘了他在1415年攻打哈夫勒和阿金库尔战役中的胜利，以及他著名的号召：“上帝保佑哈利、英格兰和圣乔治！”但就在这部戏剧创作的时间，即1599年，年迈的伊丽莎白女王正面临着任命继任者的压力，也在与爱尔兰的叛乱作斗争。1599年春天，她派埃塞克斯伯爵去攻打爱尔兰人。这场战争是一场灾难，蒙羞的埃塞克斯伯爵回到伦敦，于1599年9月被捕，1601年他拙劣的造反行动败露，随后被处死。

在《亨利五世》倒数第二段致辞中，莎士比亚拿当时的政治事件做参考，他把亨利五世比作埃塞克斯，“我们仁慈的女王的将军”，“爱尔兰来了”，并带来了“剑拔弩张的叛乱”，这可能是在伦敦等待埃塞克斯伯爵爱尔兰战役的消息时写的。这是对埃塞克斯的支持和对伊丽莎白的批评吗？我们可能永远不会知道，因为叛乱失败了。但是，在埃塞克斯挑战一位年老女王的权威时，写一部关于一位年轻君主的戏剧无疑是一个冒险的举动。

（据说埃塞克斯是女王老年时的伴侣，而他的继父罗伯特·达德利和女王在很小的时候就认识了，他是女王一生的情人。在明白女王的“丈夫”是英格兰人，不可能和他结婚后，罗伯特就和埃塞克斯的母亲蕾蒂斯结了婚，成了埃塞克斯的继父。后来埃塞克斯成了女王的漂亮宠臣，即使他没有罗伯特的俊俏和风度翩翩。

但埃塞克斯毕竟不是罗伯特，即使都得到了女王的宠幸，但不同的性格决定了他们不同的结局。罗伯特老练、有城府，遇事都要仔细掂量、斟酌，说话照顾女王的情绪。因此即使有隐瞒妻子的事，最后仍得到了女王的原谅，并受到女王的眷顾，一直到老。但埃塞克斯不同，他冲动易怒，说话不讲究分寸，经常顶撞女王，还自大无比，不按女王的意思行事。未经得允许加入远征军，最后大败而归。不久后埃塞克斯就被处死。——译者注）

奥赛罗向苔丝狄蒙娜求爱，这是泰奥多尔·夏塞里奥（Théodore Chassériau）在1850年创作的一幅画。1600年访问伦敦的摩洛哥大使穆罕默德阿努里，是莎士比亚笔下的摩尔人主人公的原型吗？

《奥赛罗》

对摩尔人的恐惧

《奥赛罗》的人物原型是摩洛哥驻英国大使吗?

《奥赛罗》的副书名是"威尼斯的摩尔人",这是莎士比亚最伟大的悲剧之一,写在伊丽莎白女王去世、国王詹姆斯六世及一世1603年即位前后。这出戏的主题引起了英格兰观众的强烈共鸣。"摩尔人"来自毛里塔尼亚(正如《奥赛罗》里的人物伊阿古在剧中所说),那里就是在现在的摩洛哥,他们引起了伊丽莎白的种族和宗教焦虑。

这一地区的人主要是穆斯林,在萨阿德王朝的控制下。伊丽莎白与摩洛哥结盟,成立了巴巴里公司,用英格兰军火换取糖(这对她的牙齿造成了非常严重的破坏)。1600年夏天,摩洛哥大使穆罕默德·阿努里和他的随从抵达伦敦,在那里待了六个月,与伊丽莎白谈判条约。阿努里,据传是一个莫里斯科人(被迫皈依基督教的出生在西班牙的穆斯林,不过后来恢复一开始的信仰了),而且还有人给他画了肖像。

阿努里是奥赛罗的原型吗?莎士比亚笔下的奥赛罗用模棱两可的语言来形容他自己,他说的是"在傲慢的敌人手中被俘为奴",我们假设他是奥斯曼人,然后被"卖身为奴";他的"被救赎"暗示他皈依了基督教。但到了剧终,在杀死苔丝狄蒙娜后,他把自己比作"一个裹着头巾充满敌意的土耳其人"。他的身份显然比单纯的"黑人"要复杂得多,也表明了伊丽莎白时代人对穆斯林世界的看法是多么矛盾。

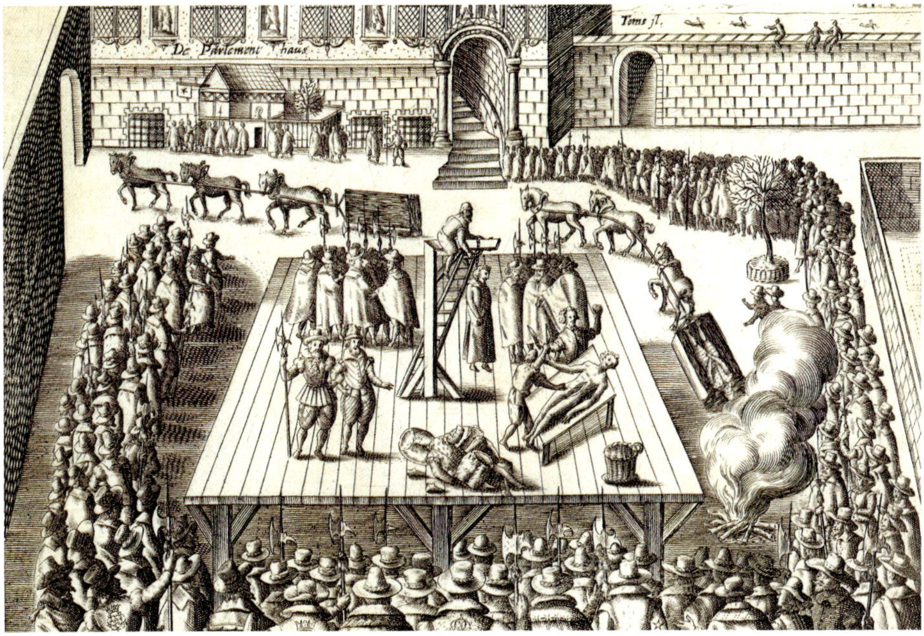

一幅当代德国版画,描绘了盖伊·福克斯和其他密谋者被处决的场景。《麦克白》在伦敦的演出是在火药阴谋案发生后的紧张气氛中进行的。

《麦克白》

对天主教徒的战争

《麦克白》反映了火药阴谋案带来的后果，它使伦敦变得多疑。

“苏格兰剧”可能是有关莎士比亚最热门的话题。苏格兰国王詹姆斯六世成为英格兰国王这件事促使莎士比亚研读拉斐尔·霍林希德的《编年史》。他重写了霍林希德关于麦克白谋杀苏格兰国王邓肯以及女巫在他垮台中所扮演的角色，同时歌颂了班柯的重要性，因为人们认为詹姆斯六世及一世是班柯的后裔。

国王早些时候写了一本关于他信仰巫术的书，叫作《魔鬼论》（1597 年），所以他很可能很高兴看到有戏剧展示了“奇异的”巫师，他们“和麦克白做交易 / 在神秘事件和死亡事件中”。

但是莎士比亚也利用了 1605 年 11 月那次失败的火药阴谋案后伦敦紧张的气氛。其中一名被处决的共谋者是耶稣会神父亨利·加内特，他曾写过一本《论言论两可》的书，指导天主教徒在被新教徒当局逮捕时给出误导或含糊其辞的答案。许多人认为模棱两可是天主教口是心非的表现。

莎士比亚的戏剧充满了这种思想。麦克白谴责女巫是“使用双重意义的话来对我们含糊其辞（模棱两可）”的灵魂。邓肯王被杀后，看门人立即回答了敲城堡大门的问题：“这里有一个讲起话来暧昧含糊的家伙”，他“曾经为了上帝的缘故，干过不少亏心事，可是他那条暧昧含糊的舌头却不能把他送上天堂”。这暗示了加内特被认为没能说服自己上天堂。

詹姆斯六世及一世在 1621 年的画像。莎士比亚在《麦克白》的情节中歌颂了詹姆斯那著名的祖先班柯的重要地位，这部戏剧也迎合了国王对巫师的信仰。

14世纪的一幅手绘彩图，在图中，罗马人试图与著名的威权主义者科利奥兰纳斯友好地相处。

《科利奥兰纳斯》

饥饿而死

阶级冲突在罗马勇士科利奥兰纳斯的故事中显得尤为突出。

半神话的罗马将军卡厄斯·马歇斯，是莎士比亚最后一部罗马戏剧的中心人物，这部戏通常被认定是1608年所著。卡厄斯·马歇斯在围攻科利奥里城沃尔西后，取名科利奥兰纳斯。科利奥兰纳斯是一个战士，他在谋求执政失败之后，被驱逐出罗马。

莎士比亚的故事取材于希腊历史学家普鲁塔克，但他偏离了自己的素材来源，写了一部痴迷于食物、饥饿、血液和身体的戏剧，其原因是他的创作比起古罗马的故事，离英格兰本土更近一些。1607年春天，随着玉米价格的飙升、对饥荒的恐惧和对公共土地的不断包围，5000多名抗议者在中部地区暴动，其中包括莎士比亚的家乡沃里克郡。

詹姆斯国王残酷地镇压了叛乱，绞死了他们的头目，但是中部地区的暴动——正是伊丽莎白晚期和詹姆斯一世时期较为重大的乡村叛乱之一——暴露了一股贯穿整个英国社会的暗流，在《科利奥兰纳斯》里找到了它的表达方式。第一幕中持武器暴动的市民说“下了决心，宁愿死不挨饿”为开场白。当贵族进来的时候，市民们抗议他们“从来没有爱护过我们：让我们忍受饥寒，他们的仓库里却堆满了谷粒”。

其中一位参议员试图用著名的“肚子寓言”安抚市民，认为身体的各个部位都需要一起工作。当科利奥兰纳斯入场时，他责骂那些暴动的市民是未食用食物的“废物”。

这种阶级冲突只会在詹姆斯一世时期和卡罗琳时期愈演愈烈，并于 16 世纪 40 年代形成了那场保皇党和共和党之间的斗争。

这张地图显示 17 世纪初到达北美的英国人在那里建立了他们的第一个殖民地。

《暴风雨》

美丽新世界

莎士比亚的剧作《暴风雨》可能是受到 17 世纪早期大英帝国侵略美洲的启发。

《暴风雨》写于 1610 年底或 1611 年，通常被视为莎士比亚告别舞台的作品，在这部作品中，他宣布“现在我已把我的魔法尽数抛弃”。这是一部关于被废黜的米兰公爵普洛斯彼罗（被视为莎士比亚的自画像）的奇异的、无法归类的戏剧，他在一条船上漂泊，来到一个小岛，在那里他用魔法设计了女儿米兰达与那不勒斯王国继承人斐迪南的婚姻。

这部戏空灵的气氛掩盖了它尖锐的政治背景。普洛斯彼罗与岛上顺从的精灵爱丽儿的关系有一个殖民的层面——爱丽儿渴望“自由”；与反叛的卡利班的关系也有一个殖民的层面，普洛斯彼罗说他“这个坏东西我必须承认是属于我的”。

殖民元素似乎是受到1610年写的一本小册子的启发，这本小册子描述了一艘大英帝国船只，在前往弗吉尼亚州的詹姆斯敦殖民地的途中，在百慕大沉没——《暴风雨》中，爱丽儿施加魔法让百慕大的海水发怒。这表明该剧的背景是它所称“美丽新世界”的美洲。

1613年，这出戏在皇家庆典中进行了部分演出，当时是为了庆祝詹姆斯国王的女儿伊丽莎白与信奉新教的弗雷德里克——选帝侯腓特烈五世的婚礼。《暴风雨》中还有一出被普洛斯彼罗称为“庆祝米兰达和斐迪南德婚礼的真爱契约”的假面剧。

这出戏似乎反映了一种信念，即王朝的婚姻可以在欧洲建立起和平与安宁。这是一个渺茫的希望——在不到十年的时间里，莎士比亚去世了，普法尔茨的争端引发了恐怖的三十年战争（1618年开始的三十年战争是二十世纪两次世界大战之前欧洲历史上最惨烈的冲突。在这次战争中，神圣罗马帝国有500万人死亡，人口减少了五分之一，直到1713年才恢复到了1618年的人口水平，那时战争已经结束了65年。几乎将其他所有欧洲国家都卷进了三十年战争，它们不是直接参战，就是间接地向参战方提供财政或军事援助。——译者注）。

本文作者杰里·布罗顿是《东方岛屿：伊丽莎白时期的英国与伊斯兰世界》（企鹅出版，2016年）一书的作者。

发现更多

电视节目

▶《空王冠》改编自《亨利六世》的第1—3部分和《理查三世》等，将于4月23日开始在英国广播公司第二频道播出，作为为期一个月的莎士比亚节的一部分。

网址：bbc.co.uk/programmes/03dxt05

让·克里顿的《历史上的罗伊·安格利特·理查二世》一书中，理查二世被亨利·博林布鲁克（后来的亨利四世）俘虏，放弃了王位。

“我发现自己是个叛徒”

莎士比亚笔下的理查二世是一位专横但又自怜自艾的统治者。丹·琼斯解释了为什么这个描述非常准确。

“为了上帝的缘故，让我们坐在地上，讲些关于国王们的死亡的悲惨故事；有些是被人废黜的，有些是在战场上阵亡的，有些是被他们所废黜的鬼魂们缠绕着的，有些是被他们的妻子所毒毙的，有些是在睡梦中被杀的，全都不得善终；因为在那围绕着一个凡世的国王头上的这顶空洞的王冠之内，正是死神驻节的宫廷……”（《理查二世》第三幕第二场，第155—162行）

理查二世在剧中说出这些话的同时，陷入了一种特有的自怜自艾的忧虑之中，在莎士比亚所作的这部戏剧的一半篇幅，他讲述了那个可怜的国王被罢黜、被杀掉。这是一个基于历史事实的场景，或者至少是真实的描述，最初是由兰开斯特王朝的编年史学家，乌斯克亚当写的，他在 1399 年 9 月 21 日被囚禁在伦敦塔时，曾与理查二世本人共进晚餐。［理查二世（Richard II，1367 年 1 月—1400 年 2 月 14 日），英格兰国王，1377 年至 1399 年在位。黑太子爱德华之子。继承祖父王位，但是实权被叔父兰开斯特公爵冈特的约翰把持，另一个叔父格洛斯特公爵托马斯也野心勃勃，企图摄政。理查成年后对他们进行报复。1397 年，托马斯被捕后未及受审就暴死在狱中，公爵头衔被废除；还驱逐了冈特的约翰的长子、自己的堂弟博林布鲁克的亨利，并在 1399 年约翰去世后没收了兰开斯特家族的领地。1399 年，亨利在国王远征爱尔兰时举兵拘捕了国王，并让国会同意将理查废黜，由亨利即位，即亨利四世。由此，金雀花王朝结束，兰开斯特王朝开始。——译者注］

当伙伴们坐下来吃饭时，乌斯克记录道，理查“开始忧郁地说话”。

“我的上帝，这是一片陌生而浮躁的土地，”这位国王说道，“它……摧毁和毁灭了这么多的国王、这么多的统治者、这么多的伟人，而且从未停止被纷争、冲突和内部仇恨撕裂和折磨。”

乌斯克说，理查接着叙述了“从王国第一次有人居住的时候起，那些遭受过这种命运的人的名字和历史”。

“看到……他灵魂的烦恼，”乌斯克写道，“我离开时心里非常感动，对自己国家过去的荣耀和世界上变幻无常的财富进行了反思。”

《理查二世》属于——或被雅致地称为莎士比亚的“亨利亚德”，或被不那么雅致地称为他的第二个四部曲的第一部分。不管叫什么，这一系列作品是由《亨利四世》的第一和第二部分以及《亨利五世》完成的。这四部戏剧共同探讨了反叛的代价和后果，以及严重的恐惧是如何折磨着一个杀死国王的人。

与莎士比亚所有的金雀花戏剧一样，《理查二世》是在英格兰王室历史背景下对个人悲剧和政治哲学的探索。理查本人的性格刻画得出奇的准确。在字里行间和舞台之上，这个任性、哀怨、咄咄逼人、胆小懦弱、礼节浮夸、自我陶醉的君主，与我们所熟知的理查本人相当吻合。

曾经辉煌

1377 年，10 岁的理查成为国王，他在祖父爱德华三世一度辉煌过的统治生涯的末期长大，理查二世出生的时候，爱德华三世年事已高，被腐败腐朽的宫廷包围。理查的父亲，黑王子，死于一种可能是水肿的疾病，去世之前他的身体肿胀受损。理查没有国王的榜样可循，在他十几岁的时候接受了非常艰难的政治教育。

理查二世的统治立即被各种问题所困扰：宫廷里的财政腐败；百年战争中一系列令人沮丧的损失；1381 年的农民起义，理查在其中扮演了一个位处中心但很痛苦的角色，在叛军领袖瓦特·泰勒死后，他独自骑马驱赶叛军离开伦敦。

当理查在这样困难的环境中成长时，他开始迷恋荣誉和外在的堂皇——比如委托创作像《威尔顿双联画》（见下页）这样美丽的艺术品来颂扬神圣的王权——但在治理艺术方面却显示出极低的能力。

理查对权贵和议会强迫他好好管理的所有企图感到愤慨。他和他最喜欢的爱尔兰公爵罗伯特·德维尔领导了一个党派政权，这个党派却忽视了一个应该提供公平和良好统治的职责——自 1215 年约翰在《大宪章》上盖章以来，这些职责一直压在金雀花国王的头上。

1388 年，在“无情议会”上，一群被统称为“上诉人”的贵族成功地摧毁了理查最爱的大臣，并迫使他按照他们的原则执政。于是国王花了近十年时间秘密招募了一支驻扎在切斯特周边的私人护卫军。1397 年，在长达两年的血腥恐怖统治中，他将他们从这个国家流放。上诉人头目被杀，许多贵族被迫签署空白的特许状，表示完全服从理查的旨意。

莎士比亚的这部剧作紧紧围绕理查统治的最后两年，利用理查和他的表兄亨利·博林布鲁克（即后来的亨利四世）之间的关系，探讨在暴政和罢黜的极端条件下皇权的过渡过程。

这出戏以理查在他权力的巅峰时期——由考文垂裁决博林布鲁克和托马斯·莫布雷（诺福克公爵）之间的决斗开始，以理查将两人全部放逐结束。

在博林布鲁克被流放期间，他的父亲约翰·冈特去世了，理查没收了博林布鲁克的财产，他说：“随你怎样想吧，我还是要没收他的金银财物和土地。”（第二幕第一场，第 209 行—210 行）

这真的发生了，正如莎士比亚在戏剧的前半部分所说的那样，一个专横的人物——理查以极度的冷酷和傲慢处理他伟大的臣民的生命和财产。

“我是天生发号施令的人，不是惯于向人请求的。”国王说道（第一幕第二场第 196 行）。这句话巧妙地概括了一个确确实实把“陛下”的皇家称呼引入英国的人的态度，一位当代编年史家这样描述他：“……在庄严的场合，按照习俗，他举行国王的仪式，他要在自己的房间里为自己准备一个宝座，从晚饭后一直到晚祷，他都喜欢在房间里姿态招摇地坐着，只是看着每个人，不和任何人交谈；当他的目光落在某个

《威尔顿双联画》(约1395—1399年),描绘了理查二世由施洗者约翰、忏悔者爱德华和圣埃德蒙将国王引见给圣母和圣婴。这幅画是国王亲自委托绘制的。

人身上时，不管他是什么级别，都不得不向国王行屈膝礼。”

在《理查二世》的第二幕中，博林布鲁克回来要求继承他的遗产，而且，随着事情的发展，皇权以及理查的权威和自信都崩溃了。他像历史上的理查在危机时刻所做的那样，陷入恐惧和怨恨之中。

该剧的后半部分讨论的问题是理查何以被剥夺了在他登基时被赋予的神圣王权。这在很大程度上是虚构的，但莎士比亚剧本里的中心问题，也是 1399 年时的一个关键问题。

无可挽回的行为

正如历史上的博林布鲁克、他同时代生活的人和理查本人所清楚的那样，指定一位国王应该是一种永久的、神圣的、不可逆转的行为；而罢黜一位国王，从法律上讲是可能的，但其影响是可怕的。

“我发现自己也是叛徒的同党，”莎士比亚剧作里的理查同意自己被罢免，“因为我曾经亲自答应把一个君王的庄严供人凌辱 / 造成这种尊卑倒置 / 主奴易位 / 君臣失序、朝野混淆的现象。”（第四幕第一场，第 248 行—252 行）

尽管如此，他还是被罢黜了。舞台上戏剧化的理查把自己投入到了和他历史上对应的那个人一样，由愤怒到自怜的摇摆状态中。莎士比亚剧中的国王在被罢黜之前总是闷闷不乐，哭哭啼啼，这都很符合法国编年史《背叛与死亡》中对历史上那位真正的理查二世国王的描写。

《背叛与死亡》记载，1399 年，理查二世与博林布鲁克曾有一次争吵，书中记载道：“理查气得几乎说不出话来，他一个字也不说，在房间里踱了二十三步；不久他就爆发了，他吼道：‘……你这二十二年来承认我是你的国王，你怎么敢这么残忍地利用我？要我说，你待我充满了虚假的表现，又像假的背叛者待他们的主人。我要证明这一点，我要打败你们中最好的四个人，这是我的誓言。’说了这话，国王就把帽子扔了……”

这就是真正的理查二世：一个天生有着受惊孩子般情感的国王。1595 年都铎王朝灭亡，莎士比亚也许有自己写作《理查二世》的理由，但不管是有意还是无意，他对 14 世纪最后一个国王的描述都出人意料地逼真。

本文作者丹・琼斯是历史学家，也是《金雀花王朝：缔造英格兰的武士国王与王后们》（哈珀出版，2012年）的作者。

发现更多

图书

- 《理查二世》
（奈杰尔・索尔著，耶鲁大学出版社，1999年出版）
- 《理查二世和1399年政变》
（迈克尔・班尼特著，萨顿出版公司，2006年出版）
- 《英国的形成》
（杰拉尔德・哈里斯著，牛津大学出版社，2006年出版）

这幅理查二世的画像，创作于1390年左右，现在在威斯敏斯特大教堂的中堂，可能是现存最早的英国君主的现代肖像。

莎士比亚赋予理查二世的三个品质

1. 专制 理查致命的狂妄自大的行为，表现为夺取了博林布鲁克继承的土地。历史上的理查正是因为这个原因失去了人民的信任。他把兰开斯特庄园据为己有，他把自己凌驾在中世纪王权的首要职责之上：维护正义、保护臣民的财产。莎士比亚很明白这一点。

2. 自怜 理查有一种倾向，即认为自己受到了不公平对待。在宪政危机的时候，他不明白为什么自己的臣民经常试图纠正政府的失误，却不是对他进行人身攻击。莎士比亚也许夸大了他自怜自艾的特点，但也有一定的事实根据。

3. 堂皇 理查惯于追求庄严的仪容，他想成为一个全能的准神一样的国王。莎士比亚在《理查二世》一开始就让我们看到了理查在这种模式下的表现，但在14世纪90年代，查理二世统治时期，这是他举止中尤为明显的一部分。莎士比亚更关注理查的失败，而在此之前的十年，他作为一个国王，在建立王权的神秘感、统治力量和军事实力。

亨利四世

篡位的国王

莎士比亚把亨利·博林布鲁克描绘成一个复仇的马基雅维利主义者，他从他的堂兄理查二世手中夺取了王位。然而，最新的传记作家克里斯·吉文-威尔逊（Chris Given-Wilson）说，亨利最伟大的成就不是夺取权力，而是坚守权力。

一幅 17 世纪亨利四世的肖像。英格兰伯爵、苏格兰国王、法国公爵和威尔士王子都曾经试图推翻他。然而，这个中世纪适应性最强的君主统治了他们所有人。

时间轴

亨利四世历险记

1367年4月15日

亨利出生于林肯郡的博林布鲁克城堡（如图），是冈特的约翰（兰开斯特公爵）和布兰奇公爵夫人的儿子。

1387—1388年

亨利是反对理查二世的五名贵族上诉人之一。他们在拉多科桥战役中击败了王室军队，并在“无情议会”中清洗了宫廷。

理查二世的统治风格疏远了许多他的主要贵族势力。

1390—1393年

亨利继续向普鲁士进行十字军东征和圣地朝圣，从而赢得骑士精神和超乎寻常的虔诚声誉。

1398年10月

理查二世因叛国罪将亨利和诺福克公爵流放。亨利在巴黎度过了接下来的九个月。

1399年

亨利返回英格兰，抓捕并废黜了理查二世，他本人于10月13日加冕为国王。

亨利·博林布鲁克加冕成为英格兰国王，出自《佛罗萨尔特编年史》。

亨利在什鲁斯伯里战役中击败了由“热刺”和伍斯特伯爵率领的军队。

阿尼克的“热刺”雕像。

亨利王子，王位的继承人，从1410年1月开始掌权近两年，直到1411年11月亨利四世国王再次行使权力。

1403年7月21日 | 1405年6月 | 1408年6月 | 1410年11月 | 1413年3月20日

亨利病得很重，可能是心脏病发作。他的健康状况在他的余生中一直很不稳定，精力也在衰退。

亨利四世在参观忏悔者爱德华的圣殿时倒下，死在威斯敏斯特大教堂的耶路撒冷大厅里。

亨利镇压了由诺森伯兰伯爵和约克大主教率领的叛乱。大主教被斩首，伯爵逃往苏格兰。

坎特伯雷大教堂里，亨利四世和他的妻子琼·纳瓦拉的石棺。

1399 年，亨利·博林布鲁克成功进入伦敦。然而，蜜月期却稍纵即逝。

1399 年 6 月 30 日，亨利·博林布鲁克在亨伯河上的拉文斯普尔登陆，表面上是为了收回他的遗产。这是一个大胆的举动。就在 9 个月前，亨利被他的堂兄理查二世国王驱逐出英格兰，然而在 1399 年 3 月，理查在亨利的父亲兰开斯特公爵——冈特的约翰去世后，从亨利的眼皮底下夺取了兰开斯特公爵的领地。当理查在 5 月不明智地航行到爱尔兰时，亨利以他特有的勇敢果断抓住了这次机会。

没有侵略军陪伴他，亨利的身边只有几个仆人和流亡同胞。然而，亨利刚刚登陆，那些被理查掠夺性的统治激怒的兰开斯特的侍从和不满的贵族们就蜂拥而至他的旗下。对国王的拥护消失殆尽，理查从爱尔兰回来后，被逼到北威尔士的弗林特城堡，8 月 16 日，这对儿表亲在那里见面。追随理查左右的贴身男仆让·克雷顿记录下了他们的谈话。“陛下，”亨利说，“我比你叫我来得还快，我要告诉你原因是什么：在你的人民中，人们常说，在过去的 22 年里，你对他们的管理非常糟糕，而且过于严厉。但是，如果可以的话，陛下，我现在将帮助你更好地管理他们。”

然而，不管亨利是如何宣称的，他心里很清楚，如果允许理查继续掌权，他迟早会为夺权的耻辱报仇。因此，作为亨利的俘虏，国王理查被押送到伦敦，9 月 30 日，他在伦敦被罢黜了国王之位。10 月 13 日，亨利·博林布鲁克加冕为亨利四世。

背叛和私刑

然而，赢得一个王国比保住它要容易得多。尽管理查没有孩子，可按照长子继承制，亨利并不能成为王位的合法继承人，继承王位的权利属于八岁的马奇伯爵，他是冈特的约翰（John of Gaunt，1340—1399 年，兰开斯特公爵、英格兰爱德华三世三子。——译者注）的哥哥——克拉伦斯公爵的曾孙，哪怕只是外孙。亨利的直系男性血统无疑使得他的主张显得更有分量，但也有许多人认为兰开斯特式的王权是非法的，因此，抵制他继位的叛乱看上去也拥有正当理由。

在亨利加冕仅仅三个月后，肯特伯爵、亨廷顿伯爵和索尔兹伯里伯爵就设计了一个阴谋，在温莎伏击他和他的儿子，这就是历史上的主显日起义，是第一次试图将亨利从王位上推翻的行动。尽管他们被出卖后均被私刑处死，也有大约 40 名追随者被一起斩首，但很明显，那位前国王理查在这次事件中扮演了重要角色，他太危险了，不能让他活下来。于是不到一个月后，理查就死了，据说他是因“忧郁”而饿死的，但事实上几乎可以肯定，他是在亨利的命令下被密谋杀害的。

然而，在英格兰，人们很少听到弑君的呼声。相反，有传言说理查还活着，并将在接下来的几年里重新夺回他的王位，这一直困扰着亨利。这个传言起源于苏格兰，一个被称为“傀儡”的假理查二世在罗伯特三世的宫廷里待了好几年。但是，正是一些英格兰修士传播了这个谣言，1402 年 6 月，将近 12 个方济会教徒被绞死在泰伯恩刑场。

更危险的是 1403 年珀西家族的叛乱。亨利·珀西（诺森伯兰伯爵）、他的兄弟托马斯（伍斯特伯爵），和他的儿子“热刺”在 1399 年帮助亨利篡位成功，但到了 1403 年，他们对国王在苏格兰和威尔士的统治政策很失望，同时他们自己的影响力正在减弱。于是他们成立了军队声称“理查国王还活着”，而马奇伯爵才是真正的统治者，并在 7 月 21 日在什鲁斯伯里与亨利交战。这是一场血腥的、艰苦的战役，

亲吻新娘。法国国王查理六世（上图，左三）对亨利·博林布罗克废黜理查二世感到愤怒。这张图展示了理查二世正在亲吻他的新妻子，查理六世的女儿伊莎贝拉。

但最终国王获胜了：“热刺”被杀，伍斯特伯爵被斩首，诺森伯兰伯爵——虽然他错过了战斗，并声称对这一阴谋一无所知——被剥夺了他自 1399 年以来获得的土地和财产。

然而，尽管亨利在 1403 年给了诺森伯兰伯爵“假定无过”的好处，但他再也不相信他了，两年后伯爵再次造反。这次他的同伙是约克大主教理查德·斯科普，他在反对国王重税和“邪恶顾问”的布道中引起了强烈的共鸣，以至于他很快就发现自己是由数千名神职人员、民众和不满分子组成的“军队”的首领。他被捕后被带到国王面前，被判叛国罪，并在城外被斩首。英格兰国王在此之前从来没有敢处决过主教，但这是亨利的方式，他要由此来告诫别人适可而止，从某种意义上来说它是行之有效的。国内一连串的叛乱被渐渐平息。

诺森伯兰伯爵和他的盟友巴多夫勋爵逃往苏格兰。1408 年 2 月，他们再次试图推翻亨利，但在塔德卡斯特附近被击败并被杀。

威尔士的悲哀

撇开英格兰持不同政见的人士不谈，亨利面临的最严重的威胁来自威尔士人。14 世纪的威尔士在英格兰统治下相对平静，但 1400 年 9 月，威尔士土著王子的后裔奥温·格兰道尔宣布自己是威尔士亲王，并开始破坏英格兰控制的城镇和庄园。

叛乱迅速蔓延。在威尔士施行实质上的种族隔离的立法使情况更加恶化，到 1405 年，威尔士大部分地区已经都在威尔士亲王的控制之下。

和在英格兰一样，在这里亨利的篡位被用来为叛乱辩护。最大的盎格鲁威尔士土地所有者是叛变者埃德蒙·莫蒂默，马奇伯爵的叔叔，他被本该继承王位的侄子所遭受的待遇激怒了。1406 年，埃德蒙·莫蒂默、格兰道尔和诺森伯兰伯爵起草了三方契约，根据契约，他们同意一旦摧毁了兰开斯特王朝的“冒名顶替者”，就将英格兰和威尔士分割开来。

战场上的堂兄弟亨利·博林布鲁克（骑马）在北威尔士的弗林特城堡与理查二世国王对峙。亨利占了上风，理查被俘，被押送到伦敦。亨利为自己加冕，成为国王。

《国王之死》。15 世纪描绘理查二世葬礼的绘画作品。据说他死于“忧郁”，但是有人怀疑是亨利四世下令谋杀了理查。

亨利统治的最初几年也见证了英格兰和苏格兰敌对情绪的日益高涨，尤其是因为罗伯特三世坚持称亨利为“英格兰的管家”。当英格兰大使在1401年的一次和平会议上建议两国将他们的分歧提交仲裁时，格拉斯哥大主教用“非常直接的语言”询问亨利是否也愿意将他对英格兰王位的权力提交仲裁。尽管在1402年诺森伯兰郡的哈密尔顿山战役中，苏格兰的羽翼因战败而严重受损，但他们仍然不愿承认亨利的王权。

法国人更加觉得理查二世被罢黜难以接受，因为理查二世已经和他们10岁的伊莎贝拉公主结婚了。这只“狼中羔羊”的遭遇在巴黎激起了一场愤怒的风暴。随着国王查理六世周期性的精神错乱，伊莎贝拉公主的兄弟奥尔良公爵路易以他喜欢的方式展开报复，“理查国王在哪里？”他在1403年写信给亨利：“难道上帝不知道这一切吗？难道全世界都不知道吗？如果他还活着，就放他自由；如果他死了，那是你干的。”

在1402年到1407年间，奥尔良公爵赞助私掠船掠夺英格兰船只，对英格兰港口发动突袭，并入侵位于法国西南部被英格兰控制的领地盖耶纳。直到1407年11月勃艮第公爵的特工刺杀了他之后，袭击才有所缓和，法国人这才称呼亨利四世为“英格兰国王亨利”，而不是“兰开斯特王朝的亨利、掠夺者和错误的英格兰王国的统治者”。

战利品

面对重重危机，亨利是怎么回应的？最初，他试图和解，赦免了理查二世的几个主要亲信，并保留了理查许多相对来说不那么重要的支持者。但兰开斯特的坚定分子对此感到愤慨，他们期待能得到胜利带来的战利品。毕竟，是兰开斯特家族的亨利赢得了王位。理查二世曾担心过冈特的约翰的侍从、他们的军事力量、他们在中部和北部地方上的影响，以及他们引人注意的衣领（那是他们的家族地位和历史的象征。——译者注）。“通过这些，”一位编年史学家宣称，“他们认为他们可以获得天地间所有的财富。”

正是为了制衡约翰的力量，理查建立了由骑士和侍卫组成的私人卫队，在13世纪90年代，这些人都佩戴着代表理查二世的著名的白鹿徽章，他还流放了亨利。但是兰开斯特家族已经有几十年的历史，在当地根基深厚，人们已经习惯了他们的存在，他们即使受挫，也能很快复原。现在是展示实力的时候了。

亨利面临的真正问题是，他能在多大程度上扩大自己的支持面，而又不会危及自身的政权。他真的能像他所宣称的那样“为他所有的人民而战”吗？还是会继续被视为一个派别的领袖？在某种程度上，这一决定是为他做出的，因为他最初的和解行动事与愿违了。正是那些被他放过性命的人，带头发起了反抗他的主显日起义，随后皇室被军事化，地方权力被授予那些拥有无可挑剔的兰开斯特血统的人，皇室被提升到

痛苦的统治

从“肉体溃烂”到直肠脱垂，亨利四世的健康状况堪忧。

亨利四世患有至少三种疾病。［亨利四世原为新教克尔文宗胡格诺派（结盟宗）信徒，为了继承法国王位，改信天主教。1610年在巴黎被刺身亡，人民普遍同情哀悼这位把法国从废墟中重建的国王，赞誉为“贤明王亨利”（Bon roi Henri，或译“贤君亨利”、“好王亨利”），并追称为“亨利大帝”。——译者注］他患有皮肤病的第一个证据是1387年，20岁的他患上了天花——也许是牛皮癣——在1399年和1405年再次发作，继而使他遭到了严重的毁容。一些同时代的人错误地把这和麻风病混为一谈，归咎于因亨利四世处决了斯科普大主教而受到的惩罚。

1406年4月，他从温莎写信告诉议会，“一种疾病突然影响了我的腿”，使他感到疼痛，他的医生建议他不要旅行。这可能是对直肠脱垂的委婉说法，他是通过约翰·阿登医生施行的治疗方法治愈的。需要在直肠上涂抹一种名为“阿波斯托洛姆软膏”的药膏，据称，这种突出物“将会再次进入”。

1408年6月底，亨利41岁的时候（下面是他最真实的写照）身体崩溃了，可能是冠状动脉血栓形成。他虽然康复了，但六个月后又复发，这次复发几乎要了他的命。1409年1月21日，他立下遗嘱，虽然之后病情暂时得到了缓解，然而，在他的余生中，他的健康都岌岌可危，到1412年初，他无论是行走还是骑马，都越来越重要的地位。

什鲁斯伯里战役［即前文提到的亨利四世镇压贵族叛乱的战役。1403年诺森伯兰伯爵亨利·珀西与他的儿子等人发起叛乱。7月21日，亨利四世率军在什鲁斯伯里（Shrewsbury）以北与叛军交战，大获全胜。——译者注］后，亨利对家族和侍从的依赖加深了。谋反和叛乱被无情地镇压，而议会就像兰开斯特家族的聚会。对此种状态导致的不安显而易见。战争、叛乱和效忠的代价使政府破产，当亨利在1404年向议会讨要金钱时，一向支持他的坎特伯雷大主教托马斯·阿伦德尔围攻了王室内臣。他宣称，正是他们因为税收收入而“变得骄傲和富有”，而“国王却一贫如洗”。

在政治上，王室内臣对亨利四世的影响也远远超出了限度。1405年，正是“那些站在国王周围的人”选择不原谅约克大主教理查德·斯科普，是“国王的朋友们”坚持要处决托马斯·珀西，尽管亨利希望饶他一命。不管是真是假，这样的指控累积起来，让人觉得亨利既是他们的主人，又是他们的囚犯。

法律失效

1406年之后，随着亨利的健康状况恶化，中部和北部一直被排除在权力之外的贵族阶层展开了反击，他们攻击王室大臣，破坏王室所有的土地。在什罗普郡、斯塔福德郡和诺森伯兰郡等地方，法律和秩序崩溃，这些都留给了未来的亨利五世去解决。亨利五世即位之后，试图恢复秩序，但亨利五世与兰开斯特旧家族的关系已不再那么紧密，所获得的支持很有限。

不过，在统治的最后几年里，局势朝着稳定的方向转变。奥尔良公爵遇刺后，法国陷入内战；1406年苏格兰王子詹姆斯一世被俘；

1408年诺森伯兰伯爵去世；1409年威尔士起义顺利结束，带来了财政状况的复苏。

然而，矛盾的是，这种安全造成了新的分歧，特别是在法国支持哪一方的问题上。1411年，当亨利王子控制了政府时（他的父亲因病不适），他派遣了一支英格兰军队帮助勃艮第人。但是在1411年，在亨利四世国王重新掌权后的第二年，他派遣他的二儿子托马斯去帮助勃艮第的对手阿玛尼亚人。

亨利王子非常愤怒。然而，他没等多久就重新掌权了，因为他的父亲很快就病入膏肓。亨利四世于1413年3月20日去世，倒在威斯敏斯特大教堂里，按照他本人的要求，他被埋葬在坎特伯雷大教堂。

因为莎士比亚的作品里写了亨利四世篡位理查二世，这也是他名誉扫地的部分原因。但值得一提的是，无论如何，他从理查二世的暴政中拯救了英格兰，把敌人一个个地消灭，建立了一个统治50多年的王朝。他的军事声望是无人能及的：正如同时代人所说，他从未输掉过一场战斗。

亨利四世的不幸就在于他刚刚为他的政权赢得了相对的安全的时候就病倒了。如果他活得更久，他可能会取得更大的成就，因为亨利非常适合当国王。他坚毅而足智多谋，与朋友保持亲密关系，令敌人感到恐惧。就一个篡位者能达到的成就来说，他的成就是很高的。

本文作者克里斯·吉文-威尔逊是圣安德鲁斯大学历史学院的名誉教授。

发现更多

图书

▶《亨利四世》（耶鲁英国君主系列）
（克里斯·吉文-威尔逊著，耶鲁大学出版社，2016年出版）

得承受身体的病痛。编年史记载他“全身的筋骨”都疼痛，或“因肉体溃烂、眼睛脱水、内脏破裂而遭受残酷的折磨”。有人说，他的身体“完全萎缩，被疾病吞噬……他的肉和皮都被吃掉了，所有内脏都暴露在外，都看得见”。

这种腐坏可能是由于动脉阻塞切断了他身体部分的血液供应，最终导致坏死性的溃疡。他的儿子亨利王子和其他人试图说服他退位，通过超人的顽强意志力，亨利才一直保持着权力，直到他的生命结束。

（1610年5月13日，亨利四世于巴黎遇刺，第二天身亡。凶手是一名狂热的天主教徒，名为弗朗索瓦·拉瓦莱克，他反对国王挑起对西班牙的战争，因为西班牙身为天主教的领头势力，在天主教世界拥有崇高的威望，这名教徒为了阻止法西之战，毅然刺杀了曾为“异端”结盟宗的亨利四世。——译者注）

阿金库尔战役
中世纪英格兰最美好的时光？

莎士比亚使得亨利五世的那次著名胜利永垂不朽，但是，安妮·柯里（Anne Curry）问道，它真的配得上它的标志性地位吗？

15 世纪的阿金库尔战役。安妮·柯里说，英格兰的胜利很快就被遗忘了，它的重要性在后来的几个世纪能够得以被铭记，多亏了莎士比亚，以及与法国又产生的冲突。

“我们人数虽少，但很快乐，因为我们是一支亲如兄弟的队伍。”莎士比亚的《亨利五世》中的这九个字（原句为“we few，we happy few，we band of brothers.”——译者注）是这位伟大的剧作家的经典作品中最为著名的。然而，它们也严重地误导了人们，因为，600 多年前亨利五世国王准备在阿金库尔与他的法国敌人作战时，他并没有像我们所相信的莎士比亚对这场战斗的描述那样，用一支寡不敌众的军队，而是率领了一支大约 8500 人的军队。

16世纪的一幅亨利五世肖像，亨利五世在阿金库尔战役中领导了英格兰军队。

8 月中旬，亨利五世率领这支军队横渡英吉利海峡时，这支军队的人数已接近 12000 人，是 70 年前爱德华三世入侵法国以来派往法国人数最多的军队。英格兰国王下定决心要征服诺曼底，他不希望因为人数不足而失败。

但是，尽管亨利五世的军队规模庞大，而且随后他在阿金库尔的胜利被誉为中世纪英格兰历史上的一个里程碑，他在诺曼底的战役却开始得很糟糕。一个多月的时间，他的军队只夺取了一个目标，即海峡沿岸的哈福鲁尔，而且代价惨重。正如同时代的编年史作者在《亨利五世纪事》中所说："比起刀剑，痢疾夺走了我们更多的人，并使其他许多人受到严重的伤害或致残，以至于他们无法与他一起继续前行。"

当时得病人的花名册显示，至少有 1500 人被送回家，而亨利的猛烈炮击损毁了哈福鲁尔的城墙，以至于他不得不留下 1200 人的庞大守军来保卫它。因此，毫不奇怪，他决定中止战争，并试图通过加莱迅速回国。没有证据表明他想和法国人开战。

所以在阿金库尔的战斗到底是怎么发生的？答案是法国人下定决心要抓住并击溃英格兰国王。当亨利五世到达索姆河（见 183 页的地图）时，有传言说法国人在河的北岸等他，这一传言劝阻了他试图渡过索姆河。即使亨利向东行进，他知道追捕他的人也会试图拦截他。囚犯们透露，法国人计划击败英格兰的弓箭手，这促使亨利五世"在全军宣布，每个弓箭手都要为自己准备一根长 6 英尺的方形或圆形木桩……两端都要磨尖。每当法国军队前来作战和冲破英格兰军队的防线时……弓箭手就应该在他们前面插上木桩。"这是一个明智的预防措施，表明亨利五世意识到自己和他的军队所面临的危险。

一旦亨利设法越过索姆河，法国人就派传令兵把士兵召集起来作战。阿金库尔战役是一场预先安排好的战斗，是法国人想发起的战争。

表面上看，法国人占据了所有的优势。他们选择了战争地点；当他们第一次到达时，我们必须假设他们预先选择好了位置；他们也享有人数上的优势。同时代的编年史家声称法国军队的人数多达 10 万人，这是非常不现实的——实际数字可能接近 1.2 万——然而，尽管如此，他们带着无疑比他们的英格兰对手更多的人来到了战场。

那么，为什么他们不能让这些优势发挥作用呢？答案在于群龙无首，缺乏凝聚力和亨利五世的弓箭手那令人不容置疑的实力。

弓箭手敌人

在阿金库尔战役上午的战斗中，出现的法国王室成员最资深的仅仅是 21 岁的军事经验不足的奥尔良公爵。编年史记录者将这人员安排的责任推到了法国年轻的经验匮乏的领导人身上，他们无视年长者的、更有经验的指挥官的警告，他们发出了亨利五世的手下会害怕人数更多的法国军队的预言。另一边则相反，正如《圣丹尼的教士》一书的作者所说："英格兰人坚定地向法国进军，决心冒险作战，并互相敦促要英勇地将对方消灭。"

在敌占区一起生活和战斗的许多星期，加强而不是削弱了英格兰人的信心。他们知道，他们可以相互依赖，这种依赖方式是受到政治分裂和缺乏王室领导的困扰的法国人无法做到的。

不过，亨利五世手中真正的王牌是他的 7000 多名弓箭手。他们的人数不仅远远超过了法国同行，而且效率也远远高于法国同行（法国弓箭手中的大多数人都装备了更换起来很迟钝的弩）——不久之后他们就开始把他们的敌人投向地狱。

法国军队开战的第一步是派骑兵向亨利的弓箭手发起冲锋，试图将他们一举击败。这是一个完全明智的策略，但似乎只有极少法国人自愿参与进去，于是没有产生任何影响。“上帝和我们的弓箭手让他们很快失败了，因为那天我们的弓箭手没有射出一支箭，没有杀死敌人和战马，也没有让他们的骑兵从马上跌下来。”这些描述在 *Brut* 编年史的一个版本中如此被夸大，亨利五世的大约 7000 名弓箭手并非都达到了罗宾汉的标准，但事实证明，他们的箭集中在一起产生的效果，以及他们的决心和纪律性，是毁灭性的。

骑兵冲锋的失败严重地打击了法国取得胜利的可能性。但了解他们失败的真正关键，则在于了解他们当时试图徒步大规模前进时发生了什么。

多达 5000 名士兵向前推进，打算与英格兰军队进行肉搏战，这些军队拥有类似的军事训练、盔甲和装备。一些人确实达到了英格兰的标准——这也解释了约克公爵在随后的战斗中的死亡——但大多数人惨败，败于有一部法国编年史所描述的“可怕的箭雨”。

想象一下这些士兵的惨状，他们别无选择，只能在一场箭雨面前，在湿漉漉、泥泞不堪的地面上缓慢前进。事实上，这些箭不是断断续续地发出，而是喷涌而下，这让一切变得更加可怕：法国人不知道他们下一次将在什么时候面对这样密集的攻击。

结果产生了漏斗效应，迫使法国士兵们挤在一起，他们挤得太近，以至于甚至无法举起武器。当士兵们摔倒的时候，其他的人都挤在他们身上，很多人都是窒息而死，根本没有真正参与到这场战争中。

那些在战争中幸存下来到达英军防线的法国士兵是如此不堪一击，以至于即使是轻武器的英格兰弓箭手也能与之一战，“他们放下弓箭，拿起剑、斧头、木槌、鹰嘴锄和其他武器”，正如勃艮第士兵让·德瓦夫林所做的那样。

在这种情况下，双方武装人员之间发生肉搏战的次数不多，英格兰的死亡人数相

对较低也就不足为奇了；我们不知道确切的数字，但不会超过一百人。法国的死亡人数则要高得多，到目前为止，有大约超过500人死亡。你得考虑到这些人在几个小时内就死了——他们中的许多人来自同一个家族，多是诺曼底北部和皮卡迪的贵族——毫无疑问，战败对这些地区的影响是相当大的。至少有320名俘虏被确认了贵族身份。

所以英格兰人是阿金库尔战役的胜利者。但这会让这场战役成为中世纪英格兰最辉煌的时刻吗？在考虑这个问题时，重要的是要记住，阿金库尔并不是一场决定性的战斗。查理六世也许因“疯狂”的国王之名为人所知，但他足够精明，既不加入阿金库尔战役的法国军队，也不派遣他的儿子，皇太子去参加。因此，尽管英格兰人俘虏了一些高级别的法国人，但这些的政治意义还不足以使法国人坐上谈判桌。然而，这场战斗确实增强了亨利五世在国内的地位，并使他有筹款和增兵的筹码，以便进一步远征，最终在1417年至1419年间征服了诺曼底。法国人选择不再与亨利五世交战也就不足为奇了。

虚假的主张

然而，很快，其他事态的发展超过了阿金库尔战役，特别是查理六世在1420年5月的《特洛伊条约》中承认亨利五世为他的继承人和法国摄政王。在促成亨利五世成为法国国王的继承人这件事情中，法国内部的政治分歧和亨利五世的军事实力有着同样重要的关系。

因为一个有宗教意义的日子和阿金库尔战役正好在同一天，所以亨利五世在1416年末努力通过宗教纪念日来记住他的胜利（即圣克利斯品和圣克利斯毕，阿金库尔战役爆发那天正好是二人的纪念日。亨利五世将此次战役的胜利同时归功于贝弗利的圣约翰），尽管如此，却没有证据表明阿金库尔战役在现代意义上获得了“受人尊崇的地位”。亨利五世死后，议会要求，收回尚未支付的军队开支，而且并没有对高级俘虏收取大额赎金。

到了15世纪中叶（英格兰在百年战争中面临失败），英格兰在法国的军事损失使阿金库尔成为遥远的记忆。然而，在1449年11月，当诺曼底大部分地区已经失利时，下议院做出了一个重要的姿态，选择约翰·波波姆爵士（Sir John Popham）作为议长，他是唯一一位参加过阿金库尔战役的资深议员。

爱德华四世于1475年的法国战役中到访了这块土地，《亨利五世的第一次英格

这幅画作描绘的是法国国王查理六世。安妮·柯里说：“他也许以‘疯子’国王之名为人所知，但他足够精明，不会加入阿金库尔的法国军队。”

兰生活》（1513—1514）一书的作者希望通过回忆亨利五世在法国取得的成功来激励亨利八世采取行动。

尽管如此，直到 16 世纪晚期，阿金库尔战役才开始被正视其标志性地位。这与人们对中世纪晚期历史、家族兴衰的兴趣以及对贵族生活的渴望越来越浓厚有关。要在传令官的造访中获得自身地位的认可，声称你的祖先曾参加过阿金库尔战役就好了。结果，许多虚假的说法出现了，而且在讲述的过程中，故事情节越来越曲折离奇。

一个特别令人震惊的例子来自肯特郡格鲁姆布里奇的沃勒家族，他们在 1592 年至 1619 年间把奥尔良的查理的饰章（展示其贵族地位的纹章）戴在手臂上，理由是理查·沃勒在战斗中俘虏了奥尔良公爵，并把他安置在格鲁姆布里奇，然后从赎金中赚了很多钱，继而得以重建他的房子和教堂。事实上，沃勒将奥尔良公爵的弟弟劫持为人质，并不是在 1415 年的阿金库尔战争中，而是 1412 年的人质事件里。

法国人的脑袋

从 16 世纪末开始，许多小贵族家族为自己编造了阿金库尔神话。迈克尔·德雷顿的诗《阿金库尔之歌》以大胆的故事吸引了读者，其中一些故事的主角甚至都没有参加过战斗。约翰·伍德豪斯就是一个例子。

他被认为曾经用一根大棍子打法国士兵的头，这根棍子出现在了伍德豪斯的纹章上，同时出现在纹章上的还有一句格言，法语“Frappe fort”，意为“重击”——据说是伍德豪斯用棍子打法国士兵头时候的表现。

莎士比亚的剧作《亨利五世》（1599）广受欢迎是人们对逝去的中世纪历史有浓厚兴趣的一种表现，这种巨大兴趣在 16 世纪晚期的英格兰兴起。它对阿金库尔的描写主导了现代战争观，以至于许多人认为亨利五世真的说过莎士比亚笔下的话。

这部戏剧在 17 世纪几乎从剧院消失，但在 18 世纪中叶得到了复兴，在当时英格兰与法国不断爆发的冲突中，它对战胜法国的积极暗示使它成为一部强有力的宣传片。事实上，《泰晤士报》在 1757 年 10 月 25 日首次提及这场战争的周年纪念日时，就选择引用了莎士比亚的话。

一项对报纸的研究表明了阿金库尔战役所起的积极影响，尤其是莎士比亚笔下的阿金库尔战役，提醒人们记起过去在法国面前取

劳伦斯·奥利弗在出演《亨利五世》。莎士比亚对阿金库尔战役的描绘仍然支配着人们对它的印象。

得的成功，同时鼓励当代政治家和士兵在战场上努力效仿他们的前辈方面是多么有用。舆论影响为法国革命战争和拿破仑战争提供了主要的推动力：第一艘阿金库尔号战舰于1796年下水，一匹名为阿金库尔的马于1805年在新市场奔跑，同年，赌客们可以花一先令观看罗伯特·克尔·波特绘制的战斗图片——一幅占地261平方米的全景图。

在这种情况下，人们认为英格兰人之所以获胜是因为他们的民族传统。查尔斯·狄更斯在他的《写给孩子们看的英国史》（1853年）一书中，将优秀而强壮的弓箭手与骄傲而邪恶的法国贵族进行了对比，认为后者将他们的国家拖入了毁灭之中。1944年，劳伦斯·奥利弗拍摄的电影《亨利五世》在学校和工厂放映时，歌颂英雄的演讲稿伴随着这部电影的播出，让人想起了15世纪的“汤米·阿特金斯（这个词指英格兰士兵——译者注）”，它描绘了在战斗中冲破法国骑士阵地的英勇的英格兰弓箭手。

英雄精神

殖民地的人们和拓荒者在面对充满挑战的环境时，也经常援引阿金库尔战役来作为英雄精神的典范。1907年，在爱荷华的芬尼莫尔郡的阿金库尔镇成立五十周年纪念日上，约翰·菲利普·索萨受委托创作《阿金库尔进行曲》。而另一个周年纪念日，1935年乔治五世国王的银禧纪念日时，英国广播公司委托沃尔特·利创作《阿金库尔之战》的序曲。

1886年，托马斯·库克第一次组织了游客们对亨利五世胜利场景进行了参观。阿金库尔在英格兰军事成就史上占据着越来越重要的地位，这一点得到了证实，因为1910年在富勒姆宫举行的军事盛典中，就有阿金库尔战役。由于主导人员是著名的莎士比亚崇拜者，FR. 本森，因此所使用的对话大部分都出自莎士比亚这位著名的剧作家笔下也就不足为奇了。

在1915年，阿金库尔战役500周年纪念日到来之际，英法两国正是第一次世界大战中的同盟国，对他们共同的敌人进行了致命的反攻。据《伦敦画报》报道，驻扎在阿金库尔附近的法国军队邀请英国军官与他们共同庆祝这一天，以“共同庆祝一个对双方都是一段光荣记忆的古老的战斗日”。

除去几个世纪后的神话传说，我们还剩下什么？对我来说，最重要的是，阿金库尔这场战役展示了拥有骁勇善战将领的重要性。它的教训是可以长期借鉴的：军队的规模远不如指挥官的才能和军队的凝聚力重要。

本文作者安妮·柯里是南安普顿大学的中世纪历史学的教授和人文学院院长。

发现更多

图书

▶《伟大的战役：阿金库尔之战》（安妮·柯里著，牛津大学出版社，2015年出版）

再次聆听

▶听听梅尔文·布拉格和其他历史学家在BBC4套《我们的时代》节目中讨论这场战争及其对后世的影响。
网址：BBC.co.uk/programs/p004y25q

公元 15 世纪的一幅画，描绘了爱德华三世在公元 1346 年的克雷西战役中战胜了法国人。

准备战斗

亨利五世于 1415 年 8 月发动了对诺曼底的入侵，当时法国和英格兰统治者长期争夺法国王位，后世称之为百年战争。这粒矛盾的种子是在 1328 年法国国王查理四世去世时播下的。英格兰的爱德华三世是阿金库尔战役中与法国亲戚关系最近的男性（他的母亲伊莎贝拉是查理

的妹妹)。然而，法国人当然并不乐于被一个英格兰人统治，而是选择了腓力(瓦洛瓦伯爵)就位，也就是历史上的腓力六世。

虽然最初接受了腓力，但爱德华三世在1340年宣布自己为国王，部分原因是腓力在阿基坦没收了英格兰的土地。爱德华三世在1346年8月的克雷西战役中击败了腓力六世。1356年，爱德华三世的儿子黑王子在普瓦捷俘虏了腓力六世的继任者约翰二世，迫使法国人坐到了谈判桌旁。

1360年，《布雷蒂尼条约》签署，这是一项外交解决方案，使爱德华三世在法国西南部的大片地区摆脱了法国的霸主统治。但在1369年，法国人背弃了这项条约，剥夺了英格兰人从中获得的几乎所有收益。

1396年，10岁的亨利勋爵(即未来的亨利五世)陪同他的半个表亲——国王理查二世来到加莱，庆祝后者与法国国王的女儿结婚，伴随着这场婚礼的还有30年的休战协议。

亨利五世在英格兰加冕后，选择结束休战，入侵法国。自1359年以来，他是除了爱德华三世之外，第一位亲自率领军队前往法国的英格兰国王。但是亨利五世在百年战争中也倾向于运用一种新的方法：他的目标就是征服。为了攻占诺曼底，他和他的部队与对方交战了12个月。但在对他的第一个目标哈福鲁尔进行了比预期更长的围攻之后，他选择了快速行军到加莱，避免正面战斗。然而，法国人另有计划，在阿金库尔截获了他。

阿金库尔战役

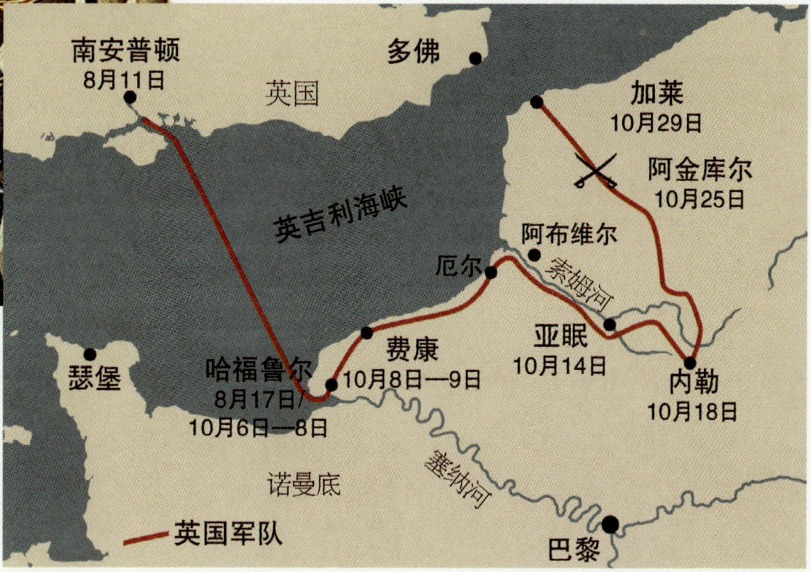

阿金库尔战役的关键时刻

这一历史性的交汇中最具决定性的时刻，从战争前夕到备受争议的囚犯处决。

1. 亨利五世的演讲

10 月 24 日下午

亨利五世的军队抵达阿金库尔，发现法国封锁了他前往加莱的路线。亨利五世期待着法国人在那一天发动战斗，于是他让士兵排成了战斗队形。编年史上的记载告诉我们，亨利五世在战前发表了演讲，也为备战做了其他准备。他的士兵们进行了忏悔，并准备开战。但法国人没有进攻：他们仍在等待更多的军队到达。他们错过了攻击亨利五世的绝佳机会，亨利才有机会为他的强大的弓箭手组成的军队选择尽可能有利的位置。

2. 准备战斗

10 月 24 日—25 日夜

亨利五世派遣侦察兵勘察情况，并与指挥官讨论如何更好地部署他的部队，以便最大限度地保护弓箭手，为第二天做好准备。法国的营地则喧闹而混乱，即使此时，仍有军队未集结。一些年长的法国指挥官，如布锡考特元帅（见下图），表达了对作战的担忧，但他们的建议被忽视了。

3. 担任职务

10 月 25 日清晨

亨利五世采取了一种防守姿势，三个营的士兵在中间，弓箭手最初在前面，后来在两翼。所有人都被一堵木桩墙保护着，而两边的林地也提供了有效的隐蔽。双方一开始呈对峙局势。亨利五世把军队向前推进，以刺激法国人有所行动，越过水淹没的地带，但他们仍然待在更为坚固的地面上。

4. 致命的命令

10 月 25 日正午

法国的开局动作——对弓箭手发起进攻——太弱了，法国的骑兵们不愿让自己的马暴露在摧毁性的箭雨中。随后，主要是步兵对英格兰军队进行了攻击，但被一场大规模的风暴一般的箭雨阻止了，它使法国士兵紧紧地挤在一起，挤得无法举起武器。有人跌倒了，其他人再倒在他们上面。进攻的力量被大大削弱了，即使是轻甲的英格兰弓箭手也很容易能够战胜那些仅存的法国士兵。法国后方各部看到同胞们的遭遇，不战而逃。

5. 捕获俘虏

10月25日，中午至下午1点

亨利五世解除了军队的战斗状态，让他的部下在敌人堆里搜寻俘虏。此时前方来报，一支支援的法国军队正在逼近。但此时亨利五世的士兵们已经摘下了头盔和铁制的手套，他们卸下了沉重的武器，无法及时应战，他们担心战俘们会利用这一空当偷袭。亨利五世下令杀死所有俘虏。有些人被赶进了一个谷仓，然后谷仓被点燃。随后双方只有短暂的接触，法国军队很快选择了撤退。

6. 谨慎退出

10月25日至26日，傍晚

这场战斗中两位最重要的英军死难者——约克公爵爱德华和萨福克伯爵迈克尔·德拉波尔的尸体被肢解，他们的尸体被煮沸后再取出，以便将他们的遗体带回英格兰。其他英格兰死者被烧掉。亨利五世依旧担心法国人会再次发动进攻，他命令他的士兵不要从战场上收集战利品分散注意力，而是把战利品直接烧掉。10月26日早上，亨利五世让他的军队以防御队形迅速离开阿金库尔，以确保他们剩余的俘虏得到很好的监管。

亨利五世戴过的头盔。他在阿金库尔战役中下令杀掉俘虏。

15 世纪法国绘制的阿金库尔战役。

亨利六世的奇迹

正如莎士比亚在剧作中所描绘的那样，在真实的生活中，这位阿金库尔战役的英雄的儿子，很不幸地经历了一场又一场灾难。然而在死后，他的同胞们把他尊为圣人。德斯蒙德·苏厄德（Desmond Seward）解释了这个奇迹般的转变。

一幅绘制于1535年的油画上的亨利六世。他的统治是一个令人遗憾的关于疯狂和失败的故事，然而当这幅画像被画出来的时候，他被认为是使患了瘟疫和快要死去的孩子复活的功臣。

在伦敦发掘的500枚亨利六世朝圣徽章中的一枚。这幅图显示国王手持着一个王权宝球和权杖。（国王或女王在正式仪式上携带的顶部饰十字架的金球，是王权的象征。——译者注）

每个人都知道杰弗里·乔叟（Geoffrey Chaucer，1343年—1400年，英国中世纪著名作家，出生于一个富有的酒商家庭。14岁时，乔叟离家谋生。后来，乔叟在英国宫廷任职。1359年随爱德华三世的部队远征法国，被法军俘虏，不久以黄金赎回。乔叟当过国王侍从，出使许多欧洲国家，两度访问意大利，发现了但丁、薄伽丘和彼特拉克的作品，对他的文学创作起了极大的作用。闲暇时，他写了很多故事和诗歌，有时还为朋友们诵读自己的作品。然而直到他去世若干年后，他的作品才结集成书。他的《坎特伯雷故事集》是早期英国文学最负盛名的作品之一。乔叟于1400年10月25日在伦敦逝世，葬于威斯敏斯特教堂里的"诗人之角"。——译者注）的朝圣者们——正如他那些举世闻名的故事所描述的那样——正在前往坎特伯雷的圣托马斯·贝克特神殿的路上。很少有人意识到，100年后，前往温莎的朝圣者会远远多于前往坎特伯雷的朝圣者，这些朝圣者是去拜访亨利六世的神殿，他们认为亨利六世创造了奇迹。

在莎翁的笔下，14世纪80年代初，哈默史密斯的托马斯·富勒因为偷牛的错误指控被处以绞刑，他向国王求情后，国王用一只手插在绳子和气管之间，就让他多活了整整一个小时，直到他被砍倒在地。关于亨利六世这个中世纪晚期英格兰最受欢迎的圣人（这是一个非正式的头衔——他从未被正式封为圣人），有很多类似这样的传奇故事。

但是亨利六世作为统治者是失败的，他失去了两个王国。作为阿金库尔战役胜利者之子，他不仅失去了法国的兰开斯特，而且他无力提供良好的政府管理，导致了玫瑰战争（Wars of the Roses，又称蔷薇战争，是从1455年到1485年的一场战争。这场战争是英王爱德华三世的两支后裔：兰开斯特家族和约克家族的支持者为了争夺英格兰王位而发生的持续的内战。两大家族都是金雀花王朝王室的分支，约克家族是爱德华三世的第四子的后裔、兰开斯特家族是爱德华三世的第三子的后裔。玫瑰战争就是约克家族的爱德华三世的第五代、第六代继承人对兰开斯特家族的爱德华三世的第四代、第五代继承人的王位战争。"玫瑰战争"一名当时并没有被使用，而是在16世纪，莎士比亚在历史剧《亨利六世》中以两朵玫瑰被拔标志战争的开始后才成为普遍用语。这个名称源于两个家族所选的家徽，兰开斯特的红蔷薇和约克的白蔷薇。战争最终以兰开斯特家族的亨利七世与约克的伊丽莎白联姻宣告结束，同时结束了法国金雀花王朝在英格兰的统治，开启了新的威尔士人都铎王朝的统治。这也标志着英格兰中世纪时期的结束和新的文艺复兴时代的开始。为了纪念这次战争，英格兰以玫瑰为国花，并把皇室徽章改为红白玫瑰。——译者注），并最终导致了他自己被谋杀。亨利六世那不幸的统治为莎士比亚的三部戏剧提供了丰富的素材。

他的父亲亨利五世征服了法国西北部，娶了法国国王查理六世的女儿，而且查理六世承认亨利五世是自己的继承人。1422年，当这个同时是英法两个国家君主的人去世后，亨利六世成为英法国王，那一年他还不到一岁。

由于亨利五世在法国的功绩，他成了后世永远难以望其项背的人——而且，从很小的时候就可以预见，很明显，他的儿子无法达到他的成就。他最早也是最具破坏性的一个错误是把通往兰开斯特的诺曼底的大门——缅因州交给了法国人。

由于亨利六世通过赠送皇室庄园使皇室变得贫瘠，所以没有钱维持一定数量的驻军。1449年，当法国人进攻诺曼底时，英格兰的抵抗力量很快崩溃了。

1450年7月，约翰·帕斯顿听说“谢尔伯格（谢尔堡）已经不在了，我们在诺曼底一英尺的土地也没有了”。定居者们回到了英吉利海峡，带着被褥在吉卜赛街上游行，在城市的大街小巷乞讨。

整个英格兰都感到屈辱。亨利六世的第一大臣萨福克公爵在试图驶往加莱的途中被私刑处死，他的头被砍断挂在船的炮口上。杰克·凯德的叛军冲进伦敦，想杀掉国王的其他大臣，凯德说，正是因为这些大臣，“他的土地失去了，他的货物失去了，他的公共用地被摧毁了，他的海域失去了，他自己穷得连吃喝的钱都付不起。”（奇怪的是，没有人责怪亨利六世）1452年，塔尔博特勋爵重新占领了加斯科涅，英格兰人的自尊心暂时得到了抚慰，但他第二年在卡斯蒂永的彻底失败直至死亡，这更加挫伤了英格兰人。

亨利六世国王用他自己的表兄索美塞特公爵取代了萨福克公爵做自己的大臣，索美塞特公爵是将诺曼底拱手相让的罪魁祸首。愤怒之下，约克公爵（王位继承人）领导了一支反对党，不过到1453年，亨利六世在听到卡斯蒂永崩溃的消息后精神崩溃后，这支反对党才起到了一点作用。因为这次精神崩溃，国王昏迷了18个月，约克暂时成了摄政王。

失败与革职

亨利六世康复后，惊讶地发现他的妻子在他生病期间生下了儿子爱德华。随后，他恢复了索美塞特第一大臣的职务——不过这一举动使得索美塞特在1455年的圣奥尔本战役中死在了约克公爵的手下。

此后，国王似乎再也没有从崩溃中彻底恢复过来。他那凶残的来自法国的王后，安茹的玛格丽特，决心为他们的儿子保住王位，让自己的儿子取代索美塞特成为宫廷派系的领袖，并试图打败约克公爵和他的盟友。但是她失败了。约克公爵提出要继承王位，英格兰由此陷入了约克家族和兰开斯特家族之间的斗争，这场斗争后来被称为玫瑰战争。

1461年3月29日，约克公爵的儿子爱德华四世在塔德卡斯特附近的托顿歼灭了皇家军队，这是英格兰有史以来最血腥的战役。亨利六世逃往苏格兰，然后返回诺森伯兰，他的支持者在那里占据了沿海的一些城堡。然而，最后一支兰开斯特军队于1464年在赫克瑟姆被摧毁。

有一年多的时间里，这位前国王一直躲在兰开夏郡和威斯特摩兰偏远地区的房子里，他于1465年6月被抓获，当时他正在渡过里布尔河，身边只有三个同伴陪着。在他被关进伦敦塔的路上，他戴着一顶旧帽子，脚被绑在马肚子下在伦敦的街道上游行，接受大家的嘲弄。

后来，所谓的“国王任命者”沃里克伯爵与爱德华四世闹翻了，后者被迫流亡国外。1470年10月，亨利六世重新回到了国王的位置上。他的第二次统治，被称为“复辟”，持续了不到一年。第二年春天，爱德华回来了，消灭了巴内特和图克斯伯里的兰开斯特人，还杀死了亨利的儿子，威斯敏斯特的爱德华和沃里克也被杀掉，并俘虏了玛格丽特女王。

剑桥大学国王学院的基金会章程详述（1446年）。在这本书中，亨利六世（右）被展示在宪章中，宣布：“愿这事，叫你得着称赞，得着荣耀，得着敬拜。”在他身后的一群人中有大法官斯塔福德大主教。

在爱德华四世在图克斯伯里获胜后返回伦敦的那天，剑桥大学的唐沃思博士是这样描述的：“5 月 21 日星期二晚上，在 11 点到 12 点之间，亨利国王被关进伦敦塔的监狱，并被处死，当时他的身份是爱德华国王的兄弟格洛斯特公爵，（1910 年对亨利的骨骼进行检查时，发现他的头发上沾满了血迹，这表明他的头部受到了击打。）在圣保罗的一个露天棺材中展出后，亨利六世的尸体被埋葬在了彻特西修道院。”

从政治上来说，亨利六世的统治是一场彻头彻尾的灾难。除了缺乏中世纪君主必需的品质外，他还有一位 17 世纪的历史学家所说的“过度臣服和过度扭曲”的特质。他不仅在法国继承了一场完全没有胜算的战争，而且他在王位上的大部分时间都恰逢“大萧条”（由金条短缺引起）时期，其间贸易衰退，生活水平下降。尽管他试图确保司法公正——他周游英格兰各地，在郡法院审理上诉——但在约克和兰开斯特之间的矛盾爆发之前，法律秩序就已经崩溃了。

尽管有各种各样的缺点，但很快就出现了一些值得人们关注的发现：英格兰各地无论是富人还是穷人都开始把死去的国王视为圣人。到了 1473 年，在约克明斯特，

越来越多的朝圣者在石屏上他的雕像面前点亮灯光祈祷。1479 年，爱德华国王将雕像移走，并试图阻止朝圣者前往彻特西修道院悼念。然而，1484 年，理查三世——可能是出于内疚——在温莎的圣乔治教堂将亨利六世的遗体重新安葬。谁也没有想到，这里在未来将成为一个国家的圣地。

这一切到底是怎么回事呢？没有证据表明亨利六世的臣民在他有生之年视他为圣人。然而，他的慷慨和同情心给他们留下了深刻的印象，就像他下令取下来一个叛徒被刺穿的尸体一样，他说：“我不会让任何基督徒为了我而受到如此残酷的对待。”

毫无疑问，他的善良激发了周围人对他的喜爱和忠诚。最重要的是，他有宽恕和遗忘的天赋。1452 年的耶稣受难日，在约克公爵的叛乱失败后，他发布了 144 条赦免令，同时一次又一次地试图调和约克和兰开斯特两派之间的矛盾。

圣洁的死亡

但亨利六世被人们认为是圣人更多是基于他的死因，他被谋杀的传闻。一位国王，他在被废黜后被当作小偷那样对待，然后在没有任何罪行的情况下被处死，这会引起人们的普遍同情。

大约在 1484 年，约翰・布拉克曼，一位曾是伊顿公学院士和亨利六世的牧师的迦太基僧侣，写了一本他的老主人的回忆录，向人们展示了一个伟人是如何成为圣人的。

布拉克曼强调亨利的虔诚和朴素——破旧的衣着下面，是一件苦行僧穿的粗毛衬衣——以及他信奉的在现代人很难理解的清教徒的性行为规范，布拉克曼声称国王已经看见了基督。圣母和圣徒。有趣的是，作为一个善于识别选择适合隐士生活的特质（其中一个特质是神志清醒）的迦太基人，布拉克曼并不认为亨利六世有精神上的问题。我们知道亨利六世实行了现代宗教改革运动，提倡谦卑和顺从。他沉思基督的苦难可能已经到了幻觉的程度，他喜欢待在修道院里。

年轻时，亨利六世最好的朋友是短命的沃里克公爵，他每天读 150 首诗（僧侣们要花一周时间来背诵）。亨利六世在任命主教时特别小心。他在伊顿公学和剑桥大学国王学院的学校从本质上来说是宗教基金会。1485 年后，亨利七世连续三次请求教皇封他的叔叔为圣徒（Henry VII，亨利・都铎，1457 年 1 月 28 日 — 1509 年 4 月 21 日，英格兰国王，1485 年 8 月 22 日到 1509 年 4 月 21 日在位。亨利・都铎是亨利六世同母异父的弟弟之子，所以他称亨利六世为叔叔。——译者注）。

波利多尔・弗吉尔（亨利六世的温顺的历史学家）为亨利六世作为一个政治家的

不足辩解，他写道，亨利曾经是“一个性格温和、直率的人，他喜欢战前的和平、患难前的宁静、功利前的诚实……世上没有比他更纯洁、更诚实、更神圣的生物”。他编撰了一本书，收集了亨利 1471 年至 1495 年间的 174 个奇迹。

例如：斯托顿勋爵的一个仆人，在 1484 年被不公正地指控犯有死刑罪，但他获救了，一只幽灵般的皇家的手挡在了他的脖子和绞刑架的绳子之间，正如托马斯·富勒曾经遭遇过的那样。戴上保存在温莎的国王的红色天鹅绒帽子，能治好“头痛”（脑瘤？）。亨利的功劳是使瘟疫的受害者和看上去就要死去的孩子复活。

亨利六世在礼拜堂和大教堂、彩色玻璃窗和圣坛隔屏上被人们铭记，他的肖像前还亮着祈祷灯，而杀死他的匕首则在牛津郡的卡弗森修道院被展示出来供人瞻仰。为纪念他而作的赞美诗、长诗和祈祷词，为温莎（亨利六世的出生地、存放亨利六世遗体的地方。——译者注）制作的朝圣者徽章比坎特伯雷还要多。（仅在伦敦就发掘出 500 件。）

正如维多利亚时代的历史学家威廉·斯图布斯所说，亨利六世“在英格兰人的心中留下了一个无法磨灭的印记……这样一个国王，他因为父亲和国家的罪恶而死去”。

对亨利六世的崇拜变得如此流行，以至于彻特西和威斯敏斯特的修道院院长都试图保留他的遗体。亨利七世计划在威斯敏斯特建造一座大教堂作为安葬他这位圣洁的亲人的圣殿，原计划当他被封为圣徒后，会在那里重新安葬。然而，和罗马之间的外交问题阻碍了亨利六世被封为圣徒。

亨利八世至死都很尊敬他的叔祖父。1528 年，他要求亨利六世被封为圣徒。甚至在与教皇决裂并结束了对温莎的朝圣之后，他还在遗嘱中留下了指示，要求把圣乔治教堂的陵墓建造得更加宏伟，并要求在葬礼上悬挂“圣亨利国王”的旗帜。

拒绝服从权威的天主教徒一直很崇敬亨利六世，亚历山大·波普在他的诗《温莎森林》中称他为“烈士国王”。在 20 世纪 20 年代，还有人试图让他封圣，他是作家伊夫林·沃最喜欢的圣徒之一。20 世纪 70 年代，人们见证了另一场将他封圣的运动，但没有成功。

也许亨利六世生前给国人留下的印象太少了，但毫无疑问，在他死后的几个世纪里弥补了这一遗憾。

本文作者德斯蒙德·苏厄德是一位历史学家和作家，专门研究15世纪历史。

发现更多

图书

▶《恶魔之子：铸就英格兰的金雀花王朝》（德斯蒙德·苏厄德著，康斯特布尔出版社，2014 年出版）

电视、广播和网络

▶从4月23日开始的英国广播公司莎士比亚节以戏剧、纪录片和音乐为特色。

网址：bbc.co.uk/programmes/p00546sp

英雄崇拜。两位英格兰"殉道者"——亨利六世（右）和东英吉利亚的圣埃德蒙——在卢德姆的圣凯瑟琳教堂的圣坛隔屏上被颂扬的作品节选。

1444 年或 1445 年的《塔尔伯特·什鲁斯伯里浪漫小说集》插图，描绘了亨利六世和他的妻子安茹的玛格丽特在一起的场景。

亨利五世的儿子成为英格兰和法国的国王，也即亨利六世。当时这位新国王还不到一岁。

亨利与安茹的玛格丽特结婚，按照莎士比亚的说法，她拥有一颗“裹在女人皮囊里的老虎心”。

1422年 1431年 1445年

五月，英格兰人在火刑柱上焚烧圣女贞德，因为圣女贞德曾拿起武器反对他们占领法国。这一年晚些时候，亨利在巴黎加冕为法国国王。

一幅 15 世纪的插图，图中展示的是亨利六世被加冕为法国国王。

约克公爵在第一次圣奥尔本斯战役中，杀死了他的敌人——兰开斯特家族的人，这让玫瑰战争不可避免。

1453年 1455年

丢掉了加斯科涅这块领土。亨利六世陷入了暂时性的疯狂，约克公爵成了保护者。国王的儿子，威斯敏斯特的爱德华出生了。

亨利的儿子爱德华在国王爆发的一次精神错乱中出生。

这幅缩略图展示了法国对英格兰的决定性胜利——福尔米尼战役。

英格兰人在军事上成了失败的一方。兰开斯特的诺曼底全部归了法国人所有，杰克·凯德的叛军占领了伦敦。

1450年

爱德华四世的拥护者约克的军队在托顿歼灭了兰开斯特人。亨利六世失去了英格兰的王位，逃往苏格兰避难。

理查三世将亨利六世安葬在温莎的圣乔治教堂，此后，他的坟墓吸引了来自英格兰各地的朝圣者来寻求心灵上的慰藉。

国家圣殿：圣乔治教堂的亨利六世墓。

沃里克伯爵帮助亨利六世重新登上王位（亨利六世复辟）。

1461年 1465年 1470年 1471年 1484年

前国王亨利六世被捕。他被囚禁在伦敦塔中五年，在那里有人试图谋杀他，但他躲过了。

爱德华四世返回并在图克斯伯里击败亨利六世的兰开斯特武装力量。亨利六世被谋杀。

此为爱德华四世，他血腥地结束了亨利的统治。

插画：萨拉·杨（SARAH YOUNG）

理查三世
命运的质子

尽管莎士比亚把理查三世描绘成主宰自己命运的无情主人，但大卫·霍斯波尔认为，他离奇的一生最终被命运女神的反复无常所左右。

理查三世被诅咒为怪物，被誉为英雄，被谴责为凶残的暴君，被视为完美的骑士。但是，尽管几个世纪以来，这位国王的批评者和拥护者们屡次交锋，但他们倾向于认同他生活中的一个方面：他完全掌控着自己的命运。

莎士比亚在《亨利六世》第三幕中以令人眼花缭乱的独白雄辩地阐述了这个问题。这一段是如此令人难忘，以至于劳伦斯·奥利弗把它从那出戏里单独拿出来，放在他本人的电影版《理查三世》里。在剧作中，理查对观众吐露了他的野心：“在我把灿烂的王冠戴到我这丑陋的躯体上端的头颅上之前，我把这个世界看得如同地狱一般。”

是的，各路带来麻烦的人——包括他自己的兄弟爱德华四世和他的侄子，爱德华五世也在其中——阻碍了理查的前进，但他吹嘘自己具备欺骗和强迫等多种技巧，这些使他走上荣耀之路："我比蜥蜴更会变色，我比普洛透斯（希腊神话中的海神，具有变换外形的能力——译者注）更会变形，连那杀人不眨眼的阴谋家也要向我学习。我有这样的本领，难道一顶王冠还不能弄到手吗？嘿，即便它离我再远，我也要把它摘下来。"

理查三世的支持者们反对这些话描述出的一个可怕的阴谋家的形象。对他们来说，理查三世对坐上王位并没有长期的图谋，他在 1483 年采取行动是出于体面的理由，他发现他的侄子是私生子，面临的问题是国家的安全，所以才不得不采取了行动。这再一次证明了，是理查三世在主导他自己的人生。

还有另一种看待理查三世的方式，这种方式不仅适用于他登上王位的动荡时期，也适用于他的大部分人生阶段。这种方式是看运气在他的生活中扮演了多么重要的角色——无论是好运气还是坏运气。有很多不利的条件让理查——这个如今大家都对之非常感兴趣的人——获得了那些位置。这个故事不是从 1483 年开始的，而是在 1452 年，他出生的那一年就已经开始了……

1 前线的一家人

理查能活到青春期算是幸运，因为当时父亲的敌人正在步步靠近

与莎士比亚告诉我们的相反，理查三世并没有经历"不等我生长成型，便把我抛进这喘息的人间"这种凄惨的命运。关于理查的骨架方面，有证据证明，他所患的脊柱侧凸扭曲了他的脊椎，但这直到他童年后期才影响他。

但即使作为英格兰最富有的人之一——约克公爵的孩子，理查三世的生存机会也不大。不仅仅是许多中世纪的孩子没有活到成年，比如理查三世就有五个兄弟姐妹在婴儿期夭折；更因为约克公爵在政治方面的参与，导致了我们所知道的玫瑰战争，这使他的整个家庭处于危险之中。其中包括理查三世，他在 1459 年，也就是他七岁生日后不久，在卢德洛的兰开斯特军队劫掠中勉强逃离，因为幸好他的父亲和哥哥们此时到来。

在那次可怕的经历之后，理查三世被送去和他的姑妈住在一起，姑妈嫁给了一位著名的兰开斯特家族的支持者。这不是一次愉快的逗留，但理查算是幸运的了，在他有能力对内战结果产生任何影响之前，他安然无恙地度过了内战的第一次冲突。

2 逃犯的反击

爱德华四世在战场上的辉煌使理查三世从逃亡者一跃成为王储

就在理查三世第一次在卢德洛与死神擦肩而过一年之后，一场悲剧狠狠地打击了他的家人。隆冬时节，理查三世一家在他们位于约克郡的韦克菲尔德附近的城堡外遇到了一起突然袭击事件，导致他的父亲和一个哥哥——拉特兰伯爵埃德蒙死亡。理查三世很幸运，他和他的母亲塞西莉一起回到了伦敦。但随着兰开斯特军队的逼近，塞西莉决定带着她的孩子们离开这个国家。他们被绑在一艘开往勃艮第的船上。

理查三世又一次与死神擦肩而过。拉特兰显然会被残酷地杀害，由于他父亲的家族已经开始觊觎王位，家里所有的男性成员很可能会遭遇类似的噩运。

理查三世无法预料的是，在约克家族命运的低潮期，他的长兄爱德华会在1461年的莫蒂默十字路战役中，战胜了兰开斯特家族，这使他成了历史上的爱德华四世。随后又在托顿取得了更为决定性的胜利。理查三世能够回来，不是以一个前途暗淡的皇室敌人的身份，而是以一个皇室王子的身份，他很快被提升为格洛斯特公爵。

3 克拉伦斯退出舞台

大哥除掉了二哥，让最小的弟弟离王位更近了一步

理查三世作为一名骑士和贵族，曾在他的兄弟爱德华最伟大的盟友——以“成就国王的幕后英雄”的身份为人铭记的沃里克伯爵身边。理查学习战争技能和骑士精神，他试着对自己的生活施加影响，但仍然被一些事情摆布。1469年，沃里克和理查三世的哥哥闹翻了，爱德华四世被赶出他的王国，理查和他一起去了勃艮第佛兰德斯。

这位被流放的国王从重新掌权的兰开斯特国王亨利六世手中夺回王位的可能性非常小。成功的概率取决于理查三世的弟弟乔治——克拉伦斯公爵，会不会再次改变立场，他曾经支持驱逐爱德华。他果然再次改变了立场，爱德华（在理查的陪同下）成功地回来了。

理查三世没有表现出对王位的野心，但即使他有，他正官复原职的哥哥克拉伦

斯公爵也阻止了他通向王位之路。莎士比亚描述了理查三世企图除掉克拉伦斯的阴谋，但没有确凿的证据证明历史上的他是这样做的。事实上，理查三世运气不错，克拉伦斯公爵使他的身为国王的兄弟非常恼火，于是爱德华以叛国罪处死了他。即使理查三世当时对王位毫无想法，但他还是从克拉伦斯公爵的倒台中获益，并继承了克拉伦斯的诸多遗产。

4 国王倒台，叔叔地位上升

理查三世进行了一次惊人的袭击，并夺得了王位

莎士比亚的作品《理查三世》将爱德华四世描绘成一个年老多病的人，所以才激发了理查三世宣称：“他活不下去了。”但其实历史上的爱德华四世于 1483 年去世时，才 41 岁，而且正准备进行一次伟大的军事探险——这很难说明他的体质正在衰退。

就爱德华四世的死而言，即使是理查三世最大的敌人也从未暗示过他与此相关，这是理查三世最大的运气。他的第二个运气则是，爱德华的长子在父亲去世后成为爱德华五世，当时只有 12 岁。

理查三世另外一个幸运之处是，他的大哥爱德华四世与伊丽莎白·伍德维尔的非常规婚姻，即使不能说是秘密的，也是私下里缔结的，这桩婚事曾经给他的朝臣们带来了极大的震惊。不管你是否相信主教揭露的爱德华五世和他的兄弟们是没有继承权的子女，这都为理查的政治主张扫清了障碍，爱德华四世的行为使这种指控得以持续。

理查三世决定夺取王位，据说他把爱德华五世和他的兄弟，即“塔中的王子们”都杀死了，这是一个绝对无情的表现，震惊了欧洲许多国家。但理查只是拥有了他的好运——却没有成功。

5 亨利·都铎从理查的手指间滑过

国王最后一个劲敌及时逃脱了追捕

1483年7月，理查三世加冕，似乎终于完全掌握了自己的命运。但是在当年的晚些时候，平息了之前一位支持他的人（白金汉公爵）的叛乱之后，他更加深刻地意识到这样一个事实：他将是一个无法摆脱肩上重任的国王。

理查三世知道，也许他最后一个真正的对手是一个在布列塔尼度过了一生中大部分时间的默默无闻的威尔士流亡者——亨利·都铎。在亨利试图趁着白金汉公爵的起义时入侵却惨遭失败之后，理查三世派遣了他信赖的仆人，要把亨利从布列塔尼带回来。但亨利得到了消息。他与一小群追随者混在一起，乔装打扮，比追赶者提前了“不到一个小时”越过边境进入法国境内。

理查三世采取了一系列明智的预防措施，消除了一个如此遥远的威尔士表弟明显微不足道的威胁，但他的好运已经用尽。有了布雷顿家族的同意，逃跑的亨利命运本该是注定的。可恰恰相反，他仍然逍遥法外，而且他发现自己可以获取的支持不是来自布列塔尼，而是法国那些更令人印象深刻的资源。

6 统治变得丑陋

国王厄运缠身，他的威尔士宿敌集结了军队

亨利·都铎在博斯沃思战役中的胜利是正确的计划和良好的运气相结合的结果。对理查三世来说，这是一系列前所未有的极致的打击，其中许多次打击都是身为国王无法控制的。

理查三世的统治此时变得更为岌岌可危，1484年，他的独子爱德华去世，一年后，他的妻子安妮也去世了。然而，如果王位被推翻，他会积极回应，召集军队，耐心等待亨利的归来。

他未能摆脱的坏运气之一是亨利的继父斯坦利勋爵，他是理查身边地位最重要

的贵族之一。但即使没有斯坦利的支持，如果 1485 年 8 月两军在博斯沃思会合时，理查三世的运气稍好一点，他也完全可以取得胜利。

对战场进行分析的考古学家认为，理查最有力的支持者之一，诺森伯兰伯爵亨利·珀西，可能并没有抛弃理查，只是在进入沼泽地后暂时失去了联系。

理查最后一次试图找到亨利本人，并杀死了他的对手，离赢得这场战斗只有几步之遥。理查似乎已经接受了自己的命运——他死于博斯沃思的战场上，当时他想找一匹马逃跑，可是他的好运气却在那里全部耗尽了。

7 都铎的恶毒攻击

在莎士比亚笔下，理查三世的名声受到重创

关于理查三世的运气的故事并不是以他的死而结束的。在随后的几个世纪里，他的名声不幸地刚好赶上了新一代历史学家的崛起，他们将叙事技巧和传神风格与皇家的主人——都铎王朝结合起来。

都铎王朝对权力的巩固也意味着，一个希望能够重塑都铎王朝并妄图取而代之的“篡位者”不会再出现了。理查三世的故事不仅给了像波多尔·维吉尔和托马斯·莫尔这样的作家以灵感，他们都深受感动地把它重塑成一个道德故事——而且还吸引了一位名叫威廉·莎士比亚的剧作家的目光。

不可避免地，莎士比亚把理查三世塑造

成为他最难忘的历史剧人物，对比一下这位剧作家对另一个“坏国王”约翰的描写所造成的微不足道的影响吧。尽管理查可以说是幸运的，他在死后得到了像“理查三世协会”这样一个坚定的团体的支持，但这个组织的存在是基于这样一个事实，即莎士比亚的没有完全依照史实但非常迷人的创作版本，曾经——而且会一直持续地——占绝对主导的地位。

8 千分之一的概率成真了

国王不能被埋葬在停车场下面……他可以吗？

如果没有最后一章，这不可思议的一章——骨头被重新发现——那么对理查三世命运的描述就是不完整的。来自莱斯特大学的首席考古学家理查德·巴克利（Richard Buckley）在2013年宣布这一发现“真正令人震惊”，他并没有夸大其词。这是在停车场挖掘的五个既定目标中的最后一个，而且“并没有被认为具有可能性”——不管菲利帕·兰利（Philippa Langley）领导的理查三世的支持者们希望如何，菲利帕·兰利（Philippa Langley）正是这个挖掘考查项目的委托人。不过，它发生在挖掘的第一天，靠近一个标有字母“R”（这个字母是“Age Concern”一词的一部分）的停车位。

巴克利在写给遗传学家图里·金的一封电子邮件中说，原以为发现理查三世遗骸的概率为千分之一，但这竟然成真了。自然，考古学家、历史学家和遗传学家靠着他们的技巧和耐心，发现了理查的遗骸——并能够证明这确实是他的——这一切使得这一发现成为可能。除此之外，兰利和理查三世的支持者也提供了大量的支持，他们提出了这个项目并筹集了很多资金。即便如此，这一发现依然不可思议。在这里需要重申，理查的整个人生——他活到成年，他登上权力巅峰，他戏剧性的堕落——都是在逆境中度过的。

本文作者大卫·霍斯波尔（David Horspool）是《泰晤士报文学副刊》的历史编辑，也是《理查三世：统治者和他的荣誉》（布鲁姆斯伯里出版公司，2015）一书的作者

发现更多

图书

▶《博斯沃思：都铎王朝的诞生》
（克里斯·斯基德莫尔著，魏登菲尔德和尼科尔森出版公司，2013年出版）

▶《挖掘理查三世：考古学如何发现国王》
（迈克·皮茨著，泰晤士和赫德逊出版社，2014年出版）

▶《理查三世》
（大卫·希普森著，劳特利奇出版社，2010年出版）

再次聆听

▶听梅尔文·布拉格和嘉宾讨论博斯沃思战役。
bbc.co.uk/programmes/b01ghc43

“威廉在他母亲的膝头吸收了那个旧世界的讯息。他了解这个由符号和信仰组成的巨大、能与人引起共鸣的世界。”

1607年9月5日，在现今位于塞拉利昂的弗里敦附近的海湾，一艘英格兰船“红龙”号的船员向主要由当地政要组成的观众表演了《哈姆雷特》，并用葡萄牙语进行了一系列的概述。作为一个标志性的时刻，它很难被取代：这是英语作品在世界范围内成功传播的开始。西边到弗吉尼亚殖民地，东边到印度，从阿尔弗雷德国王、乔叟和威克利夫，一直到弥尔顿和狄更斯，一直到伦敦，都是英国文学的共同源头。最重要的是，莎士比亚仍然是公共文化的核心，现在是世界语言的一部分。这是一个精妙绝伦的故事。

当然，我们很想多了解他，但是——尽管作者否认——莎士比亚的生活事实上在他那个阶层的某些人身上得到了翔实的记录。对历史学家来说，这种生活记录可以为我们解答很多疑惑。

让我们看看三个关键领域。第一个是，他的生活阶层。莎士比亚的故事是在社会、文化和宗教发生重大变化的时代崛起的都铎中产阶级的典型。他的祖父母拥有100英亩土地，他的祖父罗伯特是一个富裕的农民，有一支八头牛的犁队（威廉·莎士比亚沉浸在他祖先的农业词汇里面）。罗伯特有八个女儿，我们这位诗人的母亲玛丽也有八个孩子，其中琼嫁给了一个帽匠，吉尔伯特是一个衣帽匠，理查德也许是个手套商人，威廉和埃德蒙走进了伦敦剧院工作。这是一个向上发展的都铎家族，你很难找到比这更典型的例子。

第二个要考虑的方面是宗教。在过去的30年里，历史学家改变了我们对英国宗教改革的理解，这也影响了我们对莎士比亚的理解。莎士比亚的祖父罗伯特于1556年去世，向“圣玛丽和所有神圣的天堂里的陪伴者”致敬。我们知道，威廉的父母是天主教徒。当他自己的一对儿双胞胎儿女在1585年出生时，这个家庭选择了一位忠诚的天主教徒作为教父。1592年，威廉的父亲出

一幅小男孩从文字板中学习字母的木刻画。莎士比亚可能在14岁时就上了文法学校。

现在复辟的阵营中，1606 年，在火药阴谋之后，他的大女儿拒绝了新教圣餐。这些都清楚地表明了一些对旧信仰的忠诚，正如当时许多英格兰传统基督徒所期望的那样。

威廉本人大概是一个虔诚的新教徒，但他在母亲的膝头吸收了那个旧世界的讯息：这在他的作品中一直表现得很明显。他知道那个由符号和信仰组成的巨大、能与人引起共鸣的世界。在 1579 年被镇压之前，他甚至“老派”到看过那粗犷而宏大、朴实而幽默和宇宙的悲剧组成的混合体考文垂神秘剧（一个关于新约主题的剧集，从中世纪开始演出）。

在他的戏剧中，你也可以看到他仍然怀念旧日的国王和修士所在的那个世界。我们不知道他是否认同这一点—— 一个如此怀疑各种力量的人（也许，除了爱的力量）——但那旧日的一切使得他的诗意、想象力极为丰富和广阔，而这在多年后出生的人身上是看不到的。

第三个因素是教育。这是一个有机会受教育的时代，甚至在埃文河畔斯特拉福德这样的小镇上。仅伊丽莎白统治时期，就开设了大约 160 所文法学校。莎士比亚的父亲是一名市议员，所以他能送儿子进学校。那些否认莎士比亚作者身份的人发表了大量的胡言乱语，他们声称威廉是“一个不识字的斯特拉特福德屠夫”的儿子。但对剧本来源的分析显示，这位作者在 14 岁之前就一直遵循文法学校的拉丁语课程，当然他并没有继续上大学。这与 1709 年出版的《当地传统》很吻合，据说威廉很早就辍学了，因为父亲的经济状况不佳。

因此，认为这些剧本是贵族写的荒谬想法，不仅与常识和剧本主题的主要来源相抵触，而且与剧本本身相矛盾。否则的话，就是误解了都铎王朝的教育——同时也低估了威廉作为一名专业作家的技艺：正如任何记者都会告诉你的那样，要学会如何到达里亚尔托，你只需要看一眼威尼斯的旅游指南！

所以说，莎士比亚出生在历史的一个转折点上。对我来说，这就是对他的定义。如果他再早出生 10 年，就永远不会涉足新旧两个世界；如果晚出生 10 年，他将成为一名新教徒，对他父母时代的旧文化不会有诸多的认同感。历史正是如此神奇，它是我们理解一个人或者一样事物的关键。当然，正是他的创造力、想象力、诗人的天赋、非凡的智慧和对人类的悲悯使他在 400 多年来一直为人们所喜爱。本·琼森写道：“他不仅属于一个时代，而属于永恒。”

迈克尔·伍德（Michael Wood）是曼彻斯特大学（University of Manchester）的公共史教授，也是《寻找莎士比亚》（*In Search of Shakespeare*, BBC Books，2005）一书的作者。他最新的研究是关于莎士比亚的母亲，被收入《莎士比亚生活圈》一书（剑桥大学出版社，2015年出版）。

图字：01-2021-6212 号

图书在版编目（CIP）数据

莎士比亚的世界 / 英国 BBC 编著；胡泊译 .—北京：东方出版社，2022.7
书名原文：The World of Shakespeare
ISBN 978-7-5207-2748-8

Ⅰ . ①莎… Ⅱ . ①英… ②胡… Ⅲ . ①莎士比亚（Shakespeare，William 1564-1616）—传记
Ⅳ . ① K835.615.6

中国版本图书馆 CIP 数据核字（2022）第 056802 号

莎士比亚的世界
（SHASHIBIYA DE SHIJIE）

作　　者：［英］英国 BBC
译　　者：胡　泊
责任编辑：朱　然
责任审校：孟昭勤　赵鹏丽
出　　版：东方出版社
发　　行：人民东方出版传媒有限公司
地　　址：北京市西城区北三环中路 6 号
邮　　编：100028
印　　刷：北京联兴盛业印刷股份有限公司
版　　次：2022 年 7 月第 1 版
印　　次：2022 年 7 月第 1 次印刷
开　　本：880 毫米 ×1230 毫米 1/16
印　　张：13.75
字　　数：200 千字
书　　号：ISBN 978-7-5207-2748-8
定　　价：69.80 元
发行电话：（010）85924663　85924644
